Andrea Román Alfaro
Alejandra Ramírez Villarán

¿El mito sigue vivo?

Privatización y diferenciación social en la educación peruana

IEP
INSTITUTO DE ESTUDIOS PERUANOS

Serie, Colección Mínima, 70

Horacio Urteaga 694, Lima 11
Telf. (511) 332-6194
Fax (511) 332-6173
Correo-e: <libreria@iep.org.pe>
Web: <www.iep.org.pe>

ISBN: 978-9972-51-673-3

ISSN 1813-0186

Impreso en Perú
Primera edición: Lima, enero de 2018
1000 ejemplares

Hecho el depósito legal
en la Biblioteca Nacional del Perú: 2017-17848
Registro del proyecto editorial
en la Biblioteca Nacional N.º 31501131701350

Corrección de textos: Verónica Oliart
Asistencia editorial: Yisleny López
Diagramación: Silvana Lizarbe
Diseño de carátula: Gino Becerra
Cuidado de edición: Odín del Pozo

BIBLIOTECA NACIONAL DEL PERÚ
Centro Bibliográfico Nacional

370.985 Román Alfaro, Andrea, 1989-
R81 *¿El mito sigue vivo? : privatización y diferenciación social en la educación peruana* / Andrea Román Alfaro, Alejandra Ramírez Villarán.-- 1a ed.-- Lima : Instituto de Estudios Peruanos, 2018 (Lima : Litho & Arte).
99 p. ; 20 cm.-- (Colección mínima / Instituto de Estudios Peruanos ; 70).

Bibliografía: p. [91]-99.
D.L. 2017-17848
ISBN 978-9972-51-673-3

1. Educación - Investigación - Perú 2. Privatización en la educación - Investigación - Perú 3. Escuelas privadas - Perú - Estudio de casos 4. Educación y Estado - Perú - 1990- 5. Sociología de la educación - Perú 6. Perú - Política y gobierno - 1990- I. Ramírez Villarán, Alejandra, 1992- II. Instituto de Estudios Peruanos (Lima) III. Título IV. Serie

BNP: 2018- 001

Índice

Introducción

Las reformas neoliberales de los años noventa del siglo XX tuvieron un profundo impacto en la organización social y política del país. Si bien la transición democrática de los años ochenta generó expectativas en la sociedad, la crisis económica, social y política con que terminó la década profundizó el desencanto de la población con el Estado y sus instituciones, y motivó la atomización social que llevaría a la elección de Fujimori en 1990 (Cotler 1994, Murakami 2007). Las políticas instauradas por Fujimori a través del *shock* económico y las ideas del Consenso de Washington agudizaron los ya presentes problemas sociales producto de la grave crisis económica, el desprestigio de los partidos políticos y el conflicto armado iniciado en la década de 1980.

La sensación de ineficacia del Estado para resolver los problemas importantes del país permitió que medidas y reformas

1. Esta investigación no hubiera sido posible sin la ayuda y paciencia de Plinio Cárdenas, a quien agradecemos por haber trabajado con nosotras durante todos los meses de la investigación.

autoritarias, como el autogolpe de 1992, fueran finalmente apoyadas por amplios sectores de la población. A pesar de que «las medidas de ajuste empobrecieron más a la golpeada población» y «cundió la idea de que las medidas dictadas por el gobierno constituían una nueva traición a las promesas electorales», Fujimori se encargó de acallar las protestas difamando y desprestigiando a los congresistas, a los jueces y a la administración pública (Cotler 1994: 202). El débil contrato social entre la población y el Estado se resquebrajó aún más y las formas tradicionales de institucionalidad estatal, características de la matriz Estado-céntrica (Cavarozzi 1991), terminaron por colapsar.

El incremento de la informalidad, la desarticulación de las organizaciones sociales tradicionales (como los sindicatos) y la entrada de capitales privados al manejo de los servicios públicos fueron algunas de las consecuencias de las medidas adoptadas durante el gobierno de Fujimori (Pasco-Font y Saavedra 2001). El retroceso del aparato estatal en la provisión de servicios y el aseguramiento de ciertos derechos como el trabajo, la salud o la educación, reformularon las relaciones entre el Estado y la sociedad. Ante la precarización de los servicios públicos y el avance de la privatización de estos, los ciudadanos optaron por utilizar servicios privados, percibidos como de mejor calidad en comparación con los estatales.

De acuerdo con Murakami (2007: 84), ante la ausencia del Estado, la falta de articulación política y la crisis, «las clases bajas, incluso las que trabajan en el sector informal, han tendido a encerrarse y encapsularse en la cáscara de sus intereses y problemas inmediatos, específicos, limitados, individuales y particulares». La liberalización económica de la década de 1990 abrió la «cancha» para que estos sectores sociales, conformados en su gran mayoría por migrantes que llegaron a la ciudad de

Lima entre los años sesenta y noventa, profundizaran su distanciamiento del Estado, emprendiendo una serie de iniciativas individuales que les permitieron acceder a servicios que el deteriorado Estado no podía proveerles (Cuenca 2016). De esta forma, es a través de su propio ímpetu y esfuerzo que desarrollan negocios familiares, muchas veces informales, que les permiten salir adelante (Sanz 2014).

Si bien los cambios producidos por las políticas neoliberales de los años noventa abrieron un campo para la adquisición de bienes privatizados, el desarrollo de relaciones individualistas, la reducción de las interacciones entre Estado y sociedad, la forma como Lima y otras importantes urbes del país se construyeron sobre la base de grandes olas de migración interna caracterizadas por formas de trabajo en las que predominó el clientelaje, la producción a domicilio, el parentesco y paisanaje al margen de la fiscalización social y estatal, permitió la constitución de una economía informal (Golte y Adams 1987). Las ideas de emprendedurismo y superación individual (relacionadas también al «mito de la educación») se articularon con las medidas neoliberales del gobierno de Fujimori, profundizando el crecimiento «desbordado» de la ciudad.

Para Matos Mar (1984, 2012), este «desborde popular» redefinió la relación del «*otro* Perú», el Perú históricamente excluido, con el Estado. En un primer momento, esto permitió que los migrantes se relacionaran con el Gobierno a través de demandas colectivas específicas y la adquisición de derechos ciudadanos (Degregori, Blondet y Lynch 1986). No obstante, ante la incapacidad y lentitud del Estado por atender sus necesidades, los nuevos pobladores optaron por la provisión individual y privada de servicios como educación y transporte.

En efecto, según Matos Mar (2012), la estrategia de los llamados sectores populares que conformaban la nueva Lima tuvo tres momentos. Un primer momento en el que aprovecharon los márgenes legales para la atención de sus demandas sociales. Un segundo instante, en el que la limitación del marco legal permitió construir una zona de incertidumbre donde lo informal convive con la legalidad del Estado. Finalmente, «[e]n una tercera fase, los pobladores estallaban movilizándose violentamente bien sea en reclamo de ampliación de márgenes legales o presupuestales, o en defensa de los espacios de incertidumbre ganados, que exigían sean considerados como "derecho adquirido"» (Matos Mar 2012: 336-337).

En medio de este contexto de adversidad y superación, se genera un fuerte discurso de movilidad social y emprendedurismo[2] en el que las familias se perciben a sí mismas como un grupo que ha salido adelante por sus propios medios (Adams y Valdivia 1991, Cuenca 2016). El mito del trabajo, la voluntad y el progreso se convirtieron en el motor de acción de estos nuevos grupos sociales (Degregori 1986). A estos migrantes que han logrado sobreponerse a las adversidades, redefiniendo el espacio urbano y dándole nuevos usos al capital económico y social para surgir económicamente, se les ha colocado el título de «sector emergente» (Toche 2010).

---

2. De acuerdo con Huber y Lamas (2017: 92), «Parkin (1974: 7) define el credencialismo como mecanismo individualista de exclusión cuyo objetivo es establecer criterios de selección sobre la base de cualidades y atributos personales. De esta concepción se desprende que el éxito depende en última instancia de cada individuo; una doctrina que en el Perú, al igual que en otros países, se ha condensado últimamente en el término "emprendedurismo"».

En el ámbito educativo, este discurso se ha manifestado a través del llamado «mito de la educación» (Degregori 1986). Para esta población históricamente excluida, la educación se convierte en el mecanismo más importante de superación individual[3] y movilidad social. La educación es vista como una herramienta de acceso a derechos y libertad individual. La relación entre la falta de educación y la dependencia y abuso se posicionó entre la población, incluyendo la indígena (Cotler 1994: 32). Sin escuela no hay «progreso» y la inversión estratégica que realizan las familias peruanas en educación, especialmente en los sectores socioeconómicos más pobres, demuestra la fuerza de esta idea.

La consolidación del «mito de la educación» es resultado de los esfuerzos del Estado por expandir el sistema educativo en el siglo XIX y el interés de la población históricamente excluida del Estado en acceder a una ciudadanía. Este «empuje» por educación se mantiene intergeneracionalmente y se traslada con los migrantes que llegan a las ciudades principales del país buscando un mejor futuro. Las reformas educativas de los años noventa y la liberalización de la educación congenian perfectamente con este ímpetu educativo. Si el Estado era incapaz de proveer servicios de calidad para ellos, el sector privado se tenía que encargar de esa tarea.

---

3. Cuando nos referimos a que el mito de la educación es una herramienta de superación individual, no desconocemos el esfuerzo que las familias realizan y las importantes consecuencias que tiene el acceso a la educación de sus miembros para estas. Sin embargo, la educación, como experiencia individual, termina impactando solo en el individuo y en el núcleo familiar o entorno muy próximo a este. Salvo en algunas circunstancias, como puede suceder en el contexto de comunidades muy cohesionadas (como son algunos pueblos indígenas en Perú), la educación y los efectos de esta pueden llegar a ser colectivos.

La privatización de la educación en la década de 1990 solo agudizó la percepción de que el Estado era ineficaz y sus servicios insuficientes, y le añadió una serie de componentes a esta visión. Según afirma Cuenca (2013a), uno de los cambios más evidentes fue la instauración de una noción de calidad como un sentido común, no solo en el Estado, sino también entre las familias. De acuerdo con Cuenca (2013a: 29),

> [l]a carta de presentación con la que la noción de calidad se instaló en las decisiones de las políticas educativas fue su carácter identificador de aquello que está bien, así como de aquello que no lo está; su valor comparativo; y el «paquete tecnológico» que traía consigo, que incluía las formas «objetivas» para determinar (cuantificar) los niveles alcanzados de «eso que estaba bien».

La instalación de este discurso de calidad venía de la mano con «los discursos liberales sobre la ineficiencia del Estado y su incapacidad de intervención en los asuntos sociales», que terminaron consolidando una imagen aún más negativa de la educación pública (Cuenca 2016: 462). El discurso antipolítico y antiinstitucional propagado por el régimen fujimorista contribuyó a acelerar el proceso de privatización y colocó a «la propiedad privada y los beneficios económicos [...] como los motores del desarrollo económico», especialmente como respuesta a «la ineficiencia de los servicios públicos, del estatismo militar y la irresponsabilidad inflacionaria» de los años ochenta (Martuccelli 2015: 145).

El Decreto Legislativo N.° 882 del año 1996, que permitió la apertura de instituciones educativas privadas sin ningún tipo de control estatal, terminó por sellar el futuro de la educación pública y privada. Si bien el decreto permitió, de alguna forma, la democratización del acceso a los servicios educativos de índole privada, la expansión educativa también agudizó una serie de desigualdades presentes en la sociedad peruana (Tilly 2000).

En este contexto apareció un grupo de iniciativas educativas privadas, incluyendo cadenas de colegios, que afirmaron la calidad de su educación a través del discurso de la preparación académica preuniversitaria. El negocio de estas cadenas fue asegurar la inversión educativa de la familia a través del ingreso a la universidad. El auge económico iniciado en el gobierno de Toledo permitió al sector emergente acumular el capital económico suficiente para matricular a sus hijos en estos colegios y aspirar a que estos pudieran entrar a la educación superior, es decir, a la continuación del «mito de la educación». Por esta razón, estas cadenas han sido atractivas para un numeroso porcentaje de estudiantes provenientes de sectores socioeconómicos medios y medios bajos.

No obstante, la expansión desmedida de la educación privada y el poco interés del Estado por controlarla[4] terminó creando una oferta privada bastante heterogénea. De acuerdo con Balarín (2015), la falta de fiscalización y control ha hecho que la oferta educativa privada sea muy desigual y, muchas veces, de muy mala calidad. Similar a lo que pasa en Perú, Tiramonti y Ziegler (2008: 26) afirman, para el caso argentino, que «[l]a masificación de la educación secundaria, los procesos de reforma educativa y el escenario educativo y de quiebre posterior a los años noventa han profundizado notablemente las brechas entre las instituciones».

A pesar de ello, solo en Lima metropolitana el porcentaje de estudiantes matriculados en escuelas privadas casi se duplicó entre 1998 y 2015 (Cuenca 2013a: 2016). No obstante, los

4. Es más, según Cuenca (2016: 462), «[a] diferencia de otros sistemas educativos que privatizaron el sistema público, el Perú permitió la existencia de un sistema educativo paralelo que compite con el sistema público».

más recientes resultados sobre calidad educativa en el Perú[5] han puesto en tela de juicio el modelo educativo peruano. La expansión del mercado de educación privada no ha asegurado la calidad educativa que el Perú necesita para sostener el crecimiento económico (Kliksberg 2001) y ha promovido «tendencias de diferenciación y construcción de circuitos de distinción» entre grupos sociales (Tiramonti y Ziegler 2008: 22).

Frente a este panorama es que se crea el proyecto educativo *Colegios para la Vida*;[6] una cadena de colegios con inversión empresarial, que forma parte de uno de los principales grupos económicos del país, y que busca ser una respuesta del sector privado al problema de la calidad educativa en el Perú. Para esto, *Colegios para la Vida* ha identificado un nicho importante y no atendido en el mercado educativo que tiene más ingresos para invertir en la educación de sus hijos, pero que no cuenta con opciones de escuelas con una mejor calidad.

Esta nueva clase media[7] o sector emergente, como se le ha llamado, es captada a través de una serie de estrategias de *marketing* que le han permitido a *Colegios para la Vida* ubicarse y diferenciarse de otras propuestas dentro del mercado de la educación privada y de la oferta pública. Y es que, si bien *Colegios para la Vida* es un proyecto educativo preocupado por asegurar la calidad del producto que oferta y contribuir a la mejora de la educación en el Perú ofreciendo a estas familias componentes

---

5. Véase, por ejemplo, los resultados de Perú en la Prueba PISA 2015 y 2016. Disponible en: <http://elcomercio.pe/sociedad/peru/exclusivo-peru-sale-ultimo-lugar-prueba-pisa-2015-noticia-1951513>.

6. Nombre referencial.

7. Para una discusión teórica sobre el concepto de nuevas clases medias, revisar Huber y Lamas (2017).

parecidos a los de colegios de élite (tecnología, nuevas pedagogías y bilingüismo), sus estrategias de *marketing* pueden también

> [...] generar una suerte de segregación cultural en la medida en que la organización del mercado en segmentos cuidadosamente diferenciados por límites o fracciones de clase puede ser interpretada como una economía simbólica que refuerza la distinción desigual del poder cultural (Vermehren 1997: 199). (Tiramonti y Ziegler 2008: 72)

Por esta razón, *Colegios para la Vida* es un interesante caso para discutir la importancia de la educación como estrategia de movilidad, cierre y reproducción social (utilizado por las élites),[8] así como analizar el impacto que tiene la educación privada en la estructura social y las percepciones sobre la educación en el Perú.

De esta forma, la aparición de *Colegios para la Vida* y su rápido posicionamiento en el mercado educativo peruano representa una oportunidad para entender las nuevas dinámicas que se establecen entre la sociedad, el Estado y el sector privado, así como para comprender los procesos de diferenciación y reproducción social que la elección del centro educativo y el proceso de educación presentan. Por un lado, queremos identificar las razones detrás de la elección escolar de las familias que eligen matricular a sus hijos e hijas en *Colegios para la Vida*. Estas razones pueden estar relacionadas con las concepciones comunes que tienen sobre la educación peruana (y su relación con el

---

8. Un «grupo de élite es aquel conjunto de individuos que ocupa posiciones de poder sin poseer una identidad sancionada públicamente. Las estructuras de relaciones de clase vuelven a las élites diferenciables. Por esta razón, un aspecto importante de la estructura de las clases altas se refiere al proceso de movilización o reclutamiento abierto o cerrado de las posiciones de élite, y al grado de solidaridad e integración entre fracciones de élite» (Tiramonti y Ziegler 2008: 43).

Estado), la calidad educativa, la educación como mecanismo de movilidad y cierre social,[9] entre otras.

Por otro lado, deseamos analizar las ideas y concepciones que están presentes detrás de la creación del proyecto *Colegios para la Vida*; específicamente, la concepción que manejan los directivos y operadores de este proyecto educativo sobre cómo funciona la educación en el Perú, cuál es su rol como sector privado en el mercado educativo y las características de los consumidores a los cuales les venden el proyecto educativo que ofrecen. Entendiendo que estas familias están optando por una opción por sobre otras, es relevante conocer cómo esta corporación peruana ha identificado este nicho y ha desarrollado una oferta específica dirigida a satisfacer su demanda educativa.

Finalmente, se pretende identificar y analizar las correspondencias y desencuentros que existen entre las ideas y concepciones que tienen las familias y los directivos de *Colegios para la Vida* con respecto a los temas antes planteados. Esto es importante porque, como afirman Tiramonti y Ziegler (2008: 70) en su estudio sobre elecciones educativas de familias de clases medias altas y altas, las nuevas estrategias de *marketing* implementadas por estos proyectos educativos utilizan

> [...] una determinada estética basada en el cuidado de la selección de las palabras, los *slogans* y la imagen visual, [que] interpela a las familias [...] como consumidores privilegiados de la exclusividad que promete el servicio educativo.

---

9. La inversión en un tipo de educación alternativa a la ofrecida por el Estado, una educación privada y de «élite», sin ser de élite, está vinculada al mito de la educación; es decir, la idea de que la educación aporta un tipo de capital que va a incidir en procesos de movilidad y cierre social, y que a su vez implica la sostenibilidad de la superación de la pobreza para las familias de los sectores emergentes (Cuenca 2013b, Sanz 2014).

La apuesta de este estudio por comprender este fenómeno tanto desde la demanda (familias de sectores emergentes), como del sector que construye esta oferta, radica en que consideramos que existe una brecha de conocimiento sobre cómo, en un contexto neoliberal, el sector privado responde a la relación Estado-sociedad y se ubica socialmente utilizando herramientas que están a su alcance y estableciendo nuevos (o reutilizando viejos) discursos sobre diferenciación social.

Para poder cumplir con los objetivos de este estudio, se propuso utilizar una metodología predominantemente cualitativa, que permita captar las perspectivas de los individuos a una mayor escala de complejidad (Creswell, Hanson, Clark y Morales 2007). Se utilizaron cuatro técnicas distintas de recojo de información: encuestas breves, entrevistas, grupos focales y análisis documental.

Se recolectó información de estudiantes de primaria y secundaria, padres y madres de familia, docentes y directores de cuatro colegios de esta cadena; tres colegios ubicados en distintos conos de Lima y uno ubicado en una ciudad intermedia[10] a tres horas de Lima. Asimismo, se entrevistó a tres personas

---

10. De acuerdo con la organización Ciudades y Gobiernos Locales Unidos (CGLU), «las ciudades intermedias son urbes que crean puentes de conexión importantes entre zonas rurales y urbanas, siendo para la población rural la oportunidad de acceder a instalaciones básicas (como escuelas, hospitales, administración, mercados) y también servicios (como el empleo, la electricidad, los servicios de tecnología, transporte). Al tener esta posición intermedia, también constituyen, para la mayoría de los ciudadanos, un foco de transición para salir de la pobreza rural. Además, las relaciones que crean con las grandes urbes les permiten complementarse entre ciudades y funcionar como un sistema de ciudades» (Roig 2014. Disponible en: <https://www.uclg.org/sites/default/files/news_i_cities.pdf>).

vinculadas con la dirección de *Colegios para la Vida* –dos directivos y una trabajadora de la oficina central–. El objetivo de estudiar cuatro escuelas distintas es poder comparar las percepciones, perspectivas y opiniones de los entrevistados e identificar temas o características comunes.

De esta forma, se pudieron recoger las opiniones y percepciones tanto de la oferta (directivos, directores de colegios y docentes), como de la demanda educativa (padres y madres de familia y estudiantes). La muestra del estudio estuvo compuesta por el director o directora, dos docentes (uno de primaria y uno de secundaria), ocho a once padres y madres de familia (de primaria y secundaria), y entre seis y trece estudiantes de primaria y secundaria de cada escuela. Se realizaron entrevistas a los directores y docentes, y grupos focales con los padres y estudiantes. Igualmente, se les aplicó una breve encuesta a todos los actores escolares.

Gráfico 1

ÁMBITO DE OBSERVACIÓN, PARTICIPANTES Y TÉCNICAS DE RECOLECCIÓN

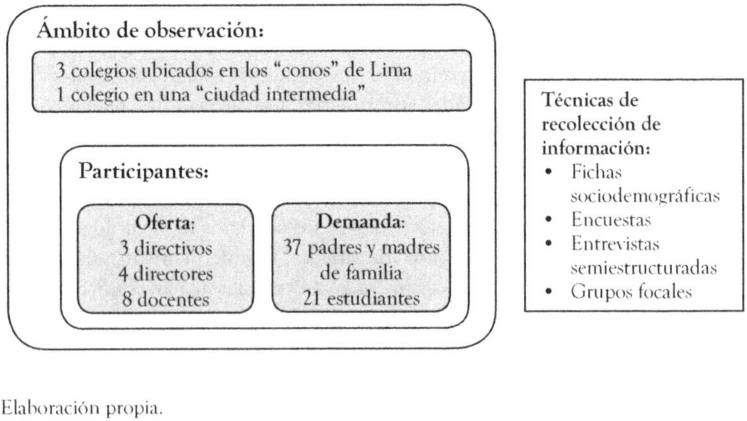

Elaboración propia.

Los temas tratados en las entrevistas y grupos focales fueron diversos, buscando responder a las preguntas de investigación desde la perspectiva y experiencia de cada actor. Sin embargo, en concordancia con la literatura ya existente sobre elecciones educativas, los temas planteados y el análisis de la información recopilada se presentarán de acuerdo con la tipología que se presenta a continuación:

Gráfico 2
TIPOLOGÍA DE LAS ELECCIONES EDUCATIVAS

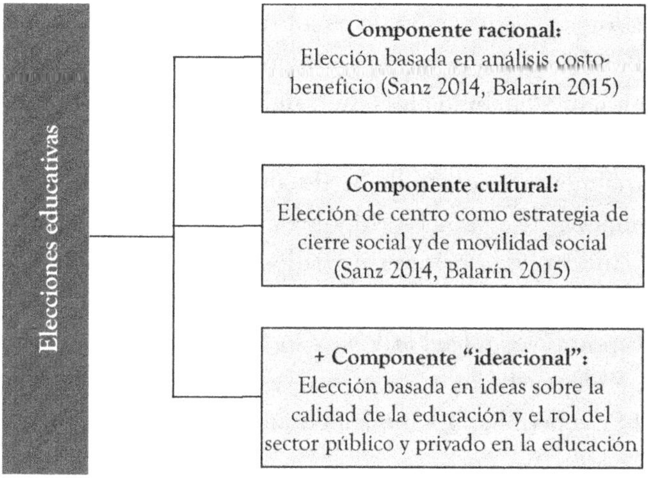

Elaboración propia.

En primer lugar, el componente racional plantea que la selección, creación y concepción de *Colegios para la Vida* constituye una elección basada en el análisis costo-beneficio por parte de las familias y los creadores del proyecto. Por un lado, para las familias es una inversión sobre la base del análisis de factores económico-racionales como la cercanía de la escuela al hogar o el precio de la educación en relación con la infraestructura y los aprendizajes. Por otro lado, para los inversionistas y directivos de *Colegios para la Vida*, la inversión en el proyecto está basada en su potencial rentabilidad y sostenibilidad económica.

En segundo lugar, el componente cultural hace referencia a las ideas y concepciones que tienen las familias acerca del capital cultural y social que obtienen sus hijos e hijas a partir del acceso a una educación privada y, específicamente, a este proyecto educativo. El acceso a tales escuelas sería, entonces, una estrategia de cierre y movilidad social para las familias y sus trabajadores. La educación no es solo para mejorar la economía de la familia, sino también para ingresar a espacios y adquirir conocimientos, habilidades o herramientas (capitales) a los que nunca antes se pudo acceder.

Finalmente, este estudio desde sus hallazgos plantea agregar un componente más a esta tipología. El componente ideacional[11] plantea que la preferencia de los padres y estudiantes por este proyecto educativo, así como la iniciativa empresarial de creación de *Colegios para la Vida* y su funcionamiento, están basadas en ideas y discursos específicos estrechamente vinculados a las políticas neoliberales implementadas en el ámbito educativo

---

11. La idea de componente ideacional se extrae del concepto de «capital ideacional» de Aldrich (en Hale 2007). De acuerdo con Hale (2007: 13-14), el capital ideacional es un conjunto articulado de principios, ideas o valores compartidos que ayudan a crear consensos y avanzar, por ejemplo, en la aprobación de políticas o en la agenda pública. En este caso, sugerimos que las reformas neoliberales han instaurado una serie de ideas (o componentes ideacionales) que han cambiado la forma cómo se relacionan el Estado y la sociedad y han transformado la propia naturaleza del mito de la educación.

y estatal desde los años noventa. Estas ideas hacen referencia a la pauperización de la educación pública, la necesidad del rol reducido del Estado en los servicios públicos y la importancia de la inversión privada, la importancia de la calidad educativa y la medición de los aprendizajes, el emprendedurismo, entre otros.

Estos tres componentes son la estructura que ordena la presentación de los resultados de este estudio y los que nos permiten hacer, por un lado, un análisis de las coincidencias y diferencias del rol que tiene *Colegios para la Vida*, como institución, en la relación Estado-sociedad a través de la provisión de educación y, por otro lado, comprender las transformaciones del mito de la educación y qué nuevos significados le dan a este las familias que acceden a dicho proyecto educativo.

Este documento está dividido en cuatro partes. La siguiente sección presenta el marco conceptual que utilizamos para comprender el proceso de privatización educativa en el Perú y las razones detrás de las elecciones educativas de familias de sectores emergentes, incluyendo una breve reflexión sobre las raíces del mito de la educación en el Perú. La segunda sección presenta el caso de estudio y pretende explicar por qué los sujetos investigados son considerados parte del «sector emergente», desde un análisis de los resultados de las encuestas aplicadas a estudiantes y padres y madres de familia. En la tercera sección se muestran los resultados cualitativos y cuantitativos de la investigación, siguiendo la tipología antes presentada. Finalmente, en la última sección se presentan las conclusiones y algunas reflexiones e interrogantes para futuros estudios relacionados con este tema.

Capítulo I

Complejizando el mito de la educación

La construcción de un mito: Estado, sociedad y privatización de la educación

La incorporación del mito de la educación al imaginario colectivo peruano se da como producto de distintos sucesos históricos. La expansión de la escolarización en las zonas rurales realizada por el Estado desde mediados del siglo XX, el avance del mercado privado, la migración interna y el frecuente contacto entre lo rural y lo urbano,[1] entre otros, son algunos de los fenómenos sociales que convirtieron a la educación en una promesa de integración y movilidad social (Alberti y Cotler 1972, Contreras 2014 [1996], Oliart 2011).

En efecto, de acuerdo con Contreras, «hasta 1970, aproximadamente, la educación fue pensada desde el Estado como la

---

1. A este proceso Cotler (1994) lo nombra «urbanización rural». El autor afirma: «Los estrechos vínculos que los migrantes mantienen con sus lugares de nacimiento promueven la difusión de nuevas modalidades sociales, culturales y políticas en el campo» (Cotler 1994: 45).

estrategia más eficaz para lograr la irresuelta tarea de integración nacional de la población y abrir el camino a la prosperidad con justicia» (en Contreras 2014 [1996]: 14). Tal como afirma Ansión (1993, en Huber y Lamas 2017: 72), «la educación era entendida como "un cauce de canalización de demandas y presiones sociales, un medio privilegiado de presencia del Estado con dimensión nacional, un elemento de integración de la diversidad lingüística, étnica, cultural"» (1993: 4).

No obstante, si bien la intervención estatal fue crucial en la expansión de la educación en el Perú y la creación de una asociación entre educación y progreso (Huber y Lamas 2017), el proceso de migración y urbanización intenso vivido en las décadas de 1960 y 1970 también ha sido fundamental para cimentar el mito de la educación. El contacto con las áreas urbanas tuvo como consecuencia la apertura de un espacio social que permitió la transformación social (Cotler 1994). «La escuela, el comercio y en algunos bolsones el trabajo asalariado, son los principales instrumentos para esa conquista a la cual la migración a las ciudades –crecientemente planificada– le abre nuevos horizontes» (Degregori 2013: 220).

El desborde popular de Matos Mar (1984) y el proceso de *cholificación* de Quijano (1980) narraron las transformaciones de los migrantes a su llegada a la ciudad de Lima. Como comenta Degregori (2013: 176), «[e]n apenas tres décadas y a punta de trabajo, esas multitudes convirtieron la estera en material noble, el desierto en urbe y acabaron transformando finalmente el rostro mismo de la capital», y con ello, las estructuras mismas del Perú tradicional. Así Degregori (2013: 222), desde una visión positiva, afirma:

> La acción de los migrantes [impulsó] objetivamente el tránsito del Perú estamental del estatus adscrito y las iniciativas sofocadas, al Perú del estatus adquirido y una cierta meritocracia. Dichas poblaciones [desarrollaron] una lucha democrática por la igualdad de condiciones sociales de los habitantes de la urbe y resultan, si cabe, más ciudadanos en tanto arrancan la ampliación de una ciudadanía que les era escamoteada.

La escuela se convierte, así, en una importante herramienta de movilidad social y obtención de ciudadanía (Ames 2009), ocupando una posición privilegiada en el imaginario social. La educación es, al fin y al cabo, «la mejor herencia» que los padres pueden dejar a sus hijos, ya que les permitirá lograr un mejor nivel de vida, tanto en términos económicos como culturales y sociales (Ansión 1998; Degregori, Blondet y Lynch 1986).

En este contexto, la debilidad del Estado peruano para satisfacer las necesidades de este sector de la población se convierte en una oportunidad; permite que se abran espacios antes cerrados por las estructuras sociales, como la educación. Estos «conquistadores de un nuevo mundo», como los llaman, «[s]e reconocen como compañeros de lucha contra el Estado y contra determinadas clases» (Degregori 2013: 236).

Los migrantes asentados en los conos de la ciudad de Lima lograron, gracias a su esfuerzo personal, mejorar su situación socioeconómica y, en alguna medida, su estatus social, invirtiendo en educación para las nuevas generaciones (Carrión 1991: 74). Si bien en un principio el impulso educativo fue un proyecto del Estado (Contreras 2014 [1996], Oliart 2011), las migraciones del campo a la ciudad no solo contribuyeron a consolidar el mito de la educación en el imaginario colectivo, sino que facilitaron la realización de este mito sin una directa intervención del Estado, aunque, hasta el final del siglo XX, el instrumento para ello fue la educación pública.

Las medidas de liberalización del mercado educativo de los años noventa encuentran en este contexto social un terreno fértil para profundizar el proyecto neoliberal. Con el Decreto Legislativo N.° 882, promulgado en 1996, el Estado peruano instauró una política de inversión privada en educación reduciendo las restricciones para la creación de escuelas privadas y abriendo la posibilidad a que estas operen con fines de lucro (Balarín 2015). La desregulación del marco normativo educativo facilitó un *boom* de la educación privada, a escala básica y superior, en los años noventa (Cuenca 2013a).

Debido a ello se logra fortalecer una serie de ideas que vienen dentro del paquete neoliberal, tales como la asignación de un rol limitado del Estado en la provisión de servicios públicos, la importancia de la medición de los aprendizajes y la calidad educativa, la necesidad de fortalecer el espíritu de empresa, entre otros. El avance de la ideología neoliberal y la rápida expansión de instituciones educativas privadas tuvieron consecuencias importantes entre los ciudadanos. Estos viraron hacia lo privado con la idea de que cualquier escuela privada era mejor que la pública en la medida en que si se paga, se puede exigir.

Esta visión del rol del Estado en la educación fue producto de una mezcla de factores, incluyendo un trabajo desde el propio gobierno fujimorista por reducir la participación del Estado en la educación pública y construir una noción de calidad para desacreditar el trabajo de las escuelas públicas y los maestros. Debido a esto,

> [...] la acción estatal [se dirigió] a reorganizar el conjunto del sistema mediante una doble acción: crear redes de control y contención social para los grupos más vulnerables de la población, y rescatar una lógica de mercado que define las condiciones institucionales y materiales para el resto del sistema. (Tiramonti y Ziegler 2008: 63)

Así, lo público queda destinado a los pobres: los que no pueden acceder a la categoría de clientes con derecho a exigir. En este contexto es que los sectores emergentes hacen su «segunda migración», esta vez hacia la educación privada.

Según Cuenca (2013a) y Sanz (2014), la mayoría de los usuarios de esta nueva oferta privada son los nuevos sectores emergentes, ubicados en zonas periféricas de Lima que han percibido un mayor crecimiento económico en los últimos años, y donde se concentran las familias que han emergido de los quintiles más pobres hacia los quintiles medios. Solo en Lima se concentra el 48,38% de estudiantes de educación básica en la oferta privada de todo el país.[2] Para Cuenca (2013a) esta tendencia condenaría a la «extinción» a la escuela pública en un futuro próximo.

Existen tres factores fundamentales que explican esta migración a la educación privada (Cuenca 2013a). En primer lugar, un marco legal que sigue siendo favorable para la apertura y expansión de escuelas privadas; hasta el momento no existe una regulación comprehensiva y efectiva que reglamente el funcionamiento de las escuelas privadas.[3] En segundo lugar,

---

2. Véase Unidad de Estadística de Calidad Educativa (ESCALE) del MINEDU. Disponible en: <http://escale.minedu.gob.pe/>.

3. En palabras del exministro de Educación, Jaime Saavedra: «Tenemos una reglamentación muy antigua, tenemos varias leyes que se

el crecimiento económico constante en las últimas décadas ha provocado que muchas familias, ante la disponibilidad de mayores recursos económicos, opten por destinar una mayor proporción de sus presupuestos a la educación de sus hijos e hijas. Por último, la tendencia demográfica a la disminución del tamaño de los hogares en las zonas urbanas facilita una mayor inversión de las familias hacia la oferta privada.

De acuerdo con Cuenca (2013a), este proceso ha permitido enraizar la idea de que lo que ofrece el sector privado siempre es de mejor calidad. Los usuarios del servicio educativo creen que las escuelas privadas son superiores porque tienen docentes mejor pagados; cuentan con mejor infraestructura, equipamiento y tecnología; existe una mayor posibilidad de exigir, controlar y vigilar al ser un servicio pagado; y, por último, porque el Estado se percibe como corrupto e ineficiente.

Según Martuccelli (2015: 147),

> [...] la filosofía de la competencia, pero solo desde la perspectiva de la eficiencia, se infiltra en ciertos juicios asertivos que conducen, por ejemplo, a valorar el sector privado por sobre el sector público. Los primeros son valorizados no porque en él haya más competencia, sino, porque son percibidos independientemente, incluso, de la veracidad de la afirmación, como más eficaces a la hora de asegurar el consumo. Y lo son, en mucho, menos por sus méritos propios, que por el descrédito en el cual había caído el sector público en el Perú.

---

relacionan a la escuela privada y no han sido reglamentadas, y se tiene que unificar eso para que haya una mejora guía a los colegios privados en una sola norma» (en *Gestión* 2016).

Ante la percepción de ineficiencia del Estado, estas familias no optan por ejercer presión y exigir su derecho a una educación de calidad, tal como lo garantiza la Ley General de Educación,[4] sino que se disponen a conseguirlo por sus propios medios (Balarín 2015, Sanz 2014), prefiriendo la oferta privada. Esta decisión se fundamenta en su desconfianza hacia el Estado, quien es visto como un entorpecedor del progreso individual, y en la propagación de la idea del emprendedurismo como estilo de vida; es decir, la política del «hazlo tú mismo».[5]

Para Toche (2010: 329), esta relación contradictoria, a veces inexistente, con el Estado

> [...] ha generado una sensación de anomia, puesto que se desdibujaron las referencias políticas y no hay manera de ubicar a quienes representan los intereses de los sectores medios, permitiendo la existencia de formas y estilos poco políticos e incluso antipolíticos y que las decisiones electorales empezaran a depender de ofrecimientos y promesas de candidatos, más que de programas y objetivos.

En efecto, esta situación ha generado una relación Estado-sociedad caracterizada por la fragilidad, la falta de confianza en

4. Sobre la Ley General de Educación, véase: <http://www.minedu.gob.pe/p/ley_general_de_educacion_28044.pdf>; <http://www.minedu.gob.pe/p/ley_general_de_educacion_28044.pdf>.

5. Como se desarrolló anteriormente, ambas razones son producto de un proceso histórico. Amplios sectores de la población que migraron a Lima u otras grandes urbes del país tuvieron que enfrentarse a ciudades hostiles y construir su futuro desde cero, de espaldas a un Estado que, por momentos, no se dio abasto para responder a sus necesidades y que muchas veces prefirió desconocer a estos nuevos ciudadanos.

las instituciones democráticas y la imposibilidad de construir un proyecto colectivo a largo plazo.

Asimismo, esta situación ha llevado a las familias de los sectores emergentes a adoptar valores del individualismo que están en línea con los discursos de emprendedurismo individual (Bernstein 1993 en Rambla 2003). El discurso del emprendedurismo, característico de la ideología neoliberal, es también la base de la apuesta por la educación privada e incluso se plantea como un componente esencial dentro del propio proceso educativo (Uccelli y García 2016, Huber y Lamas 2017). Por ejemplo, los colegios y universidades ofrecen talleres y clases de emprendedurismo, liderazgo y otros (Lamas 2015).

Es así como, «[e]l imperativo de emprender se presenta, asimismo, como una estrategia clave para pasar por encima de estructuras de dominación como la clase y la raza» (Lamas 2015: 133). Sin embargo, este emprendedurismo no les permite escapar de las condiciones estructurales que, frecuentemente, los condicionan desde su nacimiento y que, sin duda, afectan sus trayectorias educativas (Benavides 2007).

Democratizando con desigualdad: elecciones educativas y diferenciación en la oferta privada

A pesar de que hablamos de la existencia de una «oferta privada», esta oferta no es, en lo absoluto, homogénea. Distintos autores han propuesto tipologías para poder comprender este fenómeno educativo. Ball, Bowe y Gertwitz (1995, en Sanz 2014) plantean que existen cuatro tipos de oferta privada: 1) colegios de élite o *Premium*; 2) colegios de clase media progresiva; 3) colegios dirigidos a sectores emergentes consolidados (foco de nuestro estudio); y 4) oferta privada de bajo costo. Esta última oferta está dirigida a sectores emergentes precarios, con una educación de baja calidad, usualmente bajo la forma de un negocio familiar; incluso muchos de estos colegios funcionan en casas particulares.

De la misma forma, Del Cueto (2004) ha elaborado una categorización de colegios privados a partir de sus investigaciones realizadas en el contexto argentino. Su propuesta coincide mucho con la tipología planteada por Ball, Bowe y Gertwitz (1995): los colegios de élite descritos por Ball corresponden a los colegios tradicionales con modelo de excelencia individual descritos por Del Cueto. Estos colegios gozan de mayor prestigio, tienen una fuerte trayectoria educativa (con varias generaciones de estudiantes y buenos resultados académicos) y son, usualmente, laicos. Las familias que acceden a este tipo de escuelas pertenecen a las clases socioeconómicas altas y medias altas.

Asimismo, haciendo un paralelo con los colegios de clase media progresiva, Del Cueto también describe a los «colegios recientes y el modelo vincular». Estos son colegios, de más de 20 años de antigüedad, que enfatizan la educación en valores, promoviendo un clima escolar de compañerismo, contención afectiva a los estudiantes y cercanía con las familias. Es decir, se trata de un modelo alternativo al tradicional, centrado también en la excelencia académica.

En tercer lugar, Del Cueto describe a los «colegios recientes con modelo mercantil». Se trata de colegios de aproximadamente 10 años de antigüedad, que ofrecen una formación de menor calidad, pero más accesible económicamente. Según la autora, «esta opción es atractiva sobre todo para aquellas familias que disponen de menores recursos económicos y el éxito de esta propuesta se expresa en el vertiginoso crecimiento de la matrícula desde el momento de su instalación» (Del Cueto 2004:

259). Es decir, cadenas de colegios que garantizan a las familias de sectores emergentes un nivel académico aceptable para sus hijos.

Finalmente, los colegios «de medio pelo», como los califica Del Cueto, representan la oferta privada de bajo costo. Esta es la principal elección de las familias de sectores emergentes que no han logrado escalar muy alto y que, de acuerdo con la autora, ejercen un «consumo de imitación» (Bourdieu 1997): las familias eligen un producto o servicio privado para evitar el estigma de la escuela pública, aun sabiendo que la educación que recibirán sus hijos no será mejor que la que provee el Estado; así, lo privado adquiere un mayor valor por sobre lo público.

En el Perú, al igual que en Argentina y otros países con sistemas educativos privados segmentados, la diversidad de oferta no ha logrado crear una escuela de calidad y accesible para todas las familias. La falta de regulación ha facilitado que el mercado educativo peruano sea altamente fraccionado y heterogéneo en función de costos y calidad (Cuenca 2013b, Sanz 2014). Si bien de manera general se observa que el rendimiento de los alumnos de escuelas privadas es mayor en las pruebas impartidas por el Ministerio de Educación (MINEDU), muchos de los estudiantes de estas escuelas privadas tampoco logran alcanzar los resultados esperados en ámbitos como comprensión lectora o matemáticas. Además, este nivel no es uniforme. En los sectores más pobres, las diferencias entre los resultados de escuelas públicas y privadas disminuyen.

De esta forma, se encuentra que la calidad de la oferta privada en realidad se asocia más a condiciones económicas de las familias que a aspectos propiamente educativos (Cuenca 2013b, Huber y Lamas 2017). Aunque el crecimiento económico presenciado en las últimas décadas ha permitido al Estado ampliar la cobertura educativa en la educación básica regular para los más pobres y al sector privado expandirse, esto no se ha traducido en un marco educativo de calidad y que asegure la equidad (Sanz 2014).

Una de las consecuencias de esta desigualdad en la oferta privada es la formación de cuasi mercados educativos o mercados segmentados (Alegre 2010). Dirigidas a mercados segmentados, las escuelas tienen una mayor autonomía y motivación para diferenciar su oferta educativa adaptándola a su demanda. A través de la creación de un «nicho educativo», los colegios se sitúan de manera ventajosa en un segmento particular del mercado con un público objetivo constituido por las familias a las que la escuela busca atraer. Asimismo, se construye una identidad propia, que le permite a las familias sentirse identificadas cultural y posicionalmente con otras familias que asisten a la misma escuela (Dupriez y Cornet 2005, en Alegre 2010).

Debido a ello, «la búsqueda de códigos comunes que realizan tanto las familias como las escuelas, [produce] una imbricación y [hace] que cada vez resulte más difícil pensar en elecciones donde opere algún *quantum* de improvisación o de azar» (Tiramonti y Ziegler 2008: 65). Por esta razón, el tipo de escuela en la que las familias deciden matricular a sus hijos es sumamente importante. La selección del centro educativo constituye un rasgo fundamental en el proceso de privatización de la educación, pues a través de este se va consolidando un sistema de diferenciación (Bernal y Lorenzo 2013: 114, Fernández Esquinas 2004).

De acuerdo con Elacqua (2004a), la elección del centro educativo en contextos de mercados segmentados podría mantener o aumentar la segregación por nivel socioeconómico de las familias. De acuerdo con Bowe y colegas (1994, en Alegre

2010: 1170), «las desigualdades en la disposición de capital social, cultural y económico de las familias (desigualdades asociadas a su posición en la estructura social)» son las que terminan definiendo las «capacidades, disposición y prácticas de elección escolar» de muchas familias.

Debido a que no todas las familias se encuentran en las mismas condiciones, ni tienen las mismas posibilidades de elegir y acceder a las mismas escuelas, son las familias de clase media y alta las que se benefician más con este sistema. Estas cuentan con una mayor capacidad para asumir los gastos de la educación, así como con mayor información y redes sociales para hacer su elección (Elacqua 2004a, Fernández Esquinas 2004). Sin embargo, para Tiramonti y Ziegler (2008: 27),

> [...] la elección de las instituciones escolares estuvo desde siempre, para [las clases medias altas y altas], asociada a [la] práctica de separación y de construcción de espacios socialmente cerrados que [garantizaran] homogeneidad social y cultural en el ámbito institucional. En los últimos años, este modo segregado de habitar la sociedad se ha difundido entre otros estratos sociales.

Este no es un problema nuevo en la discusión sobre desigualdad y educación. Bourdieu y Passeron (1979, 2003) ya habían planteado la importancia de los distintos tipos de capital en el proceso educativo (y como resultado de este). De acuerdo con el sociólogo, el capital es sumamente valioso al momento de la interacción entre personas en el espacio social (Bourdieu 1997). El capital son las herramientas con las que cuentan las personas, ya sean económicas, culturales, sociales o simbólicas que les permiten moverse con mayor o menor facilidad en estos espacios. Los distintos tipos de capital están íntimamente relacionados con el *habitus* de las personas, es decir el sistema de comportamiento adquirido por una persona en el proceso de socialización. El *habitus* enmarca y orienta las acciones de los sujetos, ya que les permite interpretar las reglas sociales y utilizarlas a su favor.

Si consideramos como válido lo planteado por Wright (1997, en Rambla 2003), con respecto a la escuela como reproductora de las clases sociales en tanto las credenciales que otorga están determinadas, en buena medida, por las posiciones sociales de los padres, entenderemos cómo la educación representa una forma de capital para las familias. De acuerdo con Tiramonti y Ziegler (2008: 46),

> La elección de una escuela para los hijos de las familias de sectores favorecidos, puede ser entendida como un aspecto que está relacionado con otras prácticas (laborales, culturales, económicas, etc.) fundamentales para la reproducción del grupo familiar. En dicha elección juega la posibilidad de sostener y/o aumentar un conjunto de bienes materiales y simbólicos ya alcanzados, a partir de una estructura de opciones determinada por la posición social que ocupan tales familias, aunque no necesariamente defina trayectorias obligadas para los miembros.

La educación constituye un bien posicional que contribuye a enriquecer el capital con el que cuentan y mejorar su situación social. «Transformando discursivamente "micro-diferencias en macro-desigualdades" (Bernstein 1996: 11, citado en Ball 2003: 77), la selección de la escuela reproduce así la estratificación entre clases medias y populares» (Huber y Lamas 2017: 75). De esta forma, la educación se convierte en un bien de consumo en el que hay que invertir para diferenciarse, más que como un derecho exigible al Estado (Cuenca 2013b, Sanz 2014).

Sobre este tema se han realizado diferentes estudios que han tenido el propósito de entender cómo y por qué razones las familias de clase media eligen en qué centro educativo matricular a sus hijos. De acuerdo con la investigación realizada por Olmedo y Santa Cruz (2008) en México, a través de la elección educativa, las familias buscan reproducir su posición de clase, por lo que dicha elección trasciende factores puramente académicos y, en cambio, está influenciada por aspectos ideológicos y de clase social. Ya que han logrado cierta acumulación de recursos (económicos y sociales), cuentan con una mayor capacidad para responder a la necesidad educativa y mayor número de estrategias para elegir un centro educativo (Ball 2003, en Olmedo y Santa Cruz 2008).

Los autores utilizan la conceptualización de Bernstein (1988, en Olmedo y Santa Cruz 2008) de la cultura escolar para comprender qué aspectos son considerados por las familias para la elección del centro. Por un lado, se interesan en el «orden expresivo» de la cultura escolar, es decir, el orden moral de la escuela en su totalidad y las ideas que busca transmitir, como, por ejemplo, el discurso de emprendedurismo. Esto es «percibido como un antídoto que mitiga el creciente temor al fracaso escolar y a la movilidad social descendente» (Olmedo y Santa Cruz 2008: 8). Por otro lado, los padres también consideran el «orden instrumental» de la escuela, es decir, cómo esta facilita la adquisición de conocimientos y habilidades necesarios para que sus hijos se inserten exitosamente en el mercado laboral a futuro, como parte del capital humano que se cultiva desde edades tempranas.

Los resultados de Olmedo y Santa Cruz (2008) son similares a los encontrados por Sanz (2014) para el Perú. Sanz afirma que las familias del sector emergente conciben la educación privada como una estrategia de movilidad social al constituirse en capital social y cultural acumulado. No obstante, la selección de la escuela se realiza sobre la base de dos perspectivas, la racional y la cultural. Por un lado, la perspectiva racional habla de una elección basada en el costo-beneficio, que incluye consideraciones relacionadas al costo de la mensualidad, la infraestructura del centro educativo, la cercanía a la casa, el aseguramiento de un entorno seguro para los hijos, el número de estudiantes por salón, los métodos de enseñanza, la enseñanza del inglés u otro idioma extranjero y la posibilidad de queja ante un mal servicio.

El estudio de Sanz (2014) también coincide con lo encontrado por Balarín (2015), quien plantea que entre las principales razones que motivan a las familias a matricular a sus hijos en colegios de bajo costo son la cercanía al hogar, la ratio docente-estudiante, el ambiente libre de riesgo, una mayor percepción de calidad y la idea de que tendrán la posibilidad de reclamar ante prácticas inadecuadas (aunque en la práctica ocurre lo contrario). Igualmente, en un estudio posterior, Olmedo y Santa Cruz (2011) hallaron que la sensación de riesgo por un clima no apropiado (como la violencia escolar) es menor en los padres que eligieron un colegio privado, quienes perciben que la inversión realizada les permite tener un mayor control de la población que accede al centro y por ende del ambiente escolar.

Por otro lado, la perspectiva cultural hace referencia a una elección basada en la identificación y diferenciación de clase. Los padres buscan que la composición del alumnado provenga de familias «como ellos» (Ball 2003: 60). De acuerdo con Sanz (2014) y Huber y Lamas (2017: 74), «la selección del centro educativo —el "refugiarse" en instituciones más costosas y prestigiosas y a la vez limitar el acceso a ellas para potenciales "usurpadores"– se convierte en la habitual estrategia de cierre social».

En el mercado educativo, las escuelas tienen diferentes grados de prestigio social, definido por una serie de variables. Un aspecto fundamental de tal prestigio son las relaciones sociales que el centro educativo puede ofrecer, es decir, qué tipo de familias asisten. Se buscan colegios con familias que tengan ambiciones e intereses similares a las propias, y cuando un centro educativo no cumple con ello, según Olmedo y Santa Cruz (2011), las familias manifiestan estar dispuestas a hacer uso de sus distintas formas de capital para poder acceder a una escuela que sí cumpla con sus expectativas. La búsqueda por el prestigio es una expresión de la «necesidad de consolidar los rasgos de diferenciación social respecto de otros colectivos» (Olmedo y Santa Cruz 2011: 520).

De igual manera, en diversos estudios se ha evidenciado que existe una importante preocupación de familias de clase media por la composición del alumnado de los colegios en los que estudian sus hijos. Las familias buscan espacios de similitud social (Weber 1922 en Ziegler 2007), que potencien las oportunidades futuras para sus hijos. Esto implica desplegar una lógica de elección selectiva (Alegre 2010).

> En este sentido, podemos recuperar la noción de Cohen (1998) de "apareamientos selectivos" es decir, que los lugares de socialización se constituyen en espacios en donde la asociación se realiza de manera selectiva entre "semejantes". Instituciones como la familia y la escuela tienden cada vez más a homogeneizarse, y las estrategias educativas desplegadas por las familias se vuelven más selectivas. (Del Cueto 2004: 271)

A partir de aquella selección, se genera una doble situación de cierre social (Ball 2003, Bourdieu 1998 en Olmedo y Santa Cruz 2011). Por un lado, existe cierta conciencia del grupo o contexto al que se pertenece, lo cual se expresa en la búsqueda de «gente como nosotros». Por otro lado, se maneja algún tipo de conocimiento sobre la estructura social jerárquica, ya que pretende diferenciarse de gente que «no es» como ellos.

El concepto de cierre social es sumamente importante para entender este proceso. El concepto fue planteado por primera vez por Weber para describir la diferencia entre relaciones abiertas y cerradas. Las relaciones sociales cerradas hacen referencia a las estrategias que utilizan diversos grupos sociales, los cuales se reconocen, de alguna forma, como iguales, para «garantizar a sus partícipes el disfrute de las posibilidades monopolizadas» (Weber 2002: 35). Esto les permite maximizar sus beneficios, limitando el acceso a recursos y oportunidades a su propio círculo social (Parkin 1974, en Ziegler 2007).

De acuerdo con Weber (2002: 37), los motivos por los cuales un grupo social decide cerrar las relaciones sociales pueden ser diversos:

> a) el mantenimiento de una alta calidad y por tanto (eventualmente) del prestigio y de las probabilidades inherentes, de honor y (eventualmente) de ganancia. [...] b) Escasez de las probabilidades con respecto a la satisfacción (consumo) de las necesidades (*espacio vital alimenticio*): monopolio de consumo (arquetipo: comunidad de la marca). c) Escasez en las probabilidades lucrativas (ámbito del lucro): monopolio lucrativo (arquetipo: las uniones gremiales o las antiguas comunidades de pescadores).

Estos cierres, sin embargo, no siempre son absolutos; es decir, existe «la posibilidad de exclusiones parciales o limitadas»

(Huber y Lamas 2017: 46), así como exclusiones dentro de grupos sociales similares —cierres horizontales— (Murphy 1988, en Huber y Lamas 2017: 49).

En el cierre social está en juego la transmisión y aseguramiento de ciertos tipos de capital. Para Bourdieu (1997: 36),

> [l]a posición ocupada en el espacio social, es decir, en la estructura de la distribución de los diferentes tipos de capital, que son también armas, dirige las representaciones de ese espacio y las tomas de posición en las luchas para conservarlo o transformarlo.

Al elegir escuelas homogéneas, donde asisten familias similares a la suya, «se delega la responsabilidad de completar [y asegurar] la transmisión de formas de capital cuya herencia es menos automática que la de la riqueza material: el capital cultural, social y simbólico» (Bourdieu 2000).

Por esta razón, los padres también consideran que el proyecto educativo esté en sintonía con el proyecto propio de la familia. Así, procuran que la educación de la casa y la del colegio sea complementaria. De acuerdo con Olmedo y Santa Cruz (2011: 527), el proceso de elección de la escuela es un momento en el que la identidad de la familia está en juego, por lo que los padres de familia «toman conciencia de su propio *habitus*, y cogen las riendas del proceso de creación de clase social, con lo cual favorecen procesos de reproducción social».

> La elección escolar no es solamente parte de la libertad de consumo dentro de una racionalidad capitalista, sino que supone más bien el interjuego entre la historia biográfica de los individuos, la historia de sus familias y las posibilidades concretas de elegir un mercado de opciones fuertemente fragmentado. (Tiramonti y Ziegler 2008: 42)

Dada la diversidad de familias y contextos, algunos estudios han explorado si existen diferencias entre las elecciones educativas según el nivel socioeconómico de cada grupo. Por ejemplo, Bernal y Lorenzo (2013) encontró que las familias menos favorecidas valoran, principalmente, la cercanía del colegio al hogar y el hecho de que sus otros hijos también estudien en el mismo colegio. Por su parte, los padres de sectores emergentes y de clase media alta le otorgan mayor importancia al nivel socioeconómico de los alumnos del colegio, pues ello les garantizaría mejores contactos y relaciones sociales para el futuro.

A pesar de las diferencias, incluso en los sectores menos favorecidos se dan procesos de comparación y cierre social. Las familias evitan las escuelas a las que asisten los niños que son percibidos como más pobres o problemáticos. Los motivos son, por un lado, la seguridad de sus hijos, y, por otro, «impedir que los hijos adquieran la forma de hablar, de relacionarse y de comportarse de estos eventuales compañeros, es decir, su habitus de clase» (Córdoba 2014).

Asimismo, Elacqua (2004b), quien ha estudiado extensamente las preferencias educativas y la elección escolar en Chile, encontró que, a lo largo de todo el espectro socioeconómico, los padres consideran la calidad académica como un factor importante en la elección de una escuela para sus hijos. No obstante, las familias de menor nivel socioeconómico (NSE) se preocupan más por la cercanía y el costo del colegio, y menos por la formación en valores, que las de mayor NSE.

De manera interesante, en el estudio de Elacqua (2004b), casi ningún padre mencionó la composición sociodemográfica del colegio como un criterio para la elección de escuela. Sin embargo, muchas veces lo reportado por los padres sobre sus preferencias al momento de elegir un colegio no concuerda con su elección final. La investigación de Elacqua (2004b) demuestra que, si bien las elecciones de las familias chilenas sí están determinadas por factores académicos, también resultan importantes el tipo de colegio (religioso o laico, privado o público) y la composición sociodemográfica del mismo.

Para Sanz (2014), en el caso peruano, es necesario tomar en cuenta que la educación es un mecanismo de movilidad social y de adquisición de ciudadanía, que históricamente ha sido materia de disputa y ha caracterizado las relaciones de poder entre distintos grupos sociales (Cotler 1994). La educación es un bien de estatus y prestigio, que, si bien pretende ser un igualador social, sigue encontrando maneras de ser un factor diferenciador y de cierre social (Huber y Lamas 2017).

En este contexto es que se inserta la oferta y propuesta educativa de *Colegios para la Vida*, identificando un nicho desatendido por el Estado y la oferta educativa privada existente, y generando un espacio para la distinción social, especialmente a través del consumo distintivo. En la siguiente sección, se presenta este proyecto educativo y su importancia como un estudio de caso para explorar sobre las formas en que la educación privada puede contribuir a la mejora educativa, y a su vez incentivar a la distinción y cierre social y transformar el rol que cumple el Estado en el contexto educativo.

Capítulo 2

El caso de estudio: ¿por qué *Colegios para la Vida*?

Como mencionamos en la introducción, para comprender mejor el proceso de privatización de la educación y cómo se transforman las relaciones entre el Estado y la sociedad, no solo es necesario estudiar a las familias que acceden al servicio educativo, sino también la lógica e ideas que incentivan a la oferta educativa (en este caso, *Colegios para la Vida*) a participar en estos espacios. Por ello, *Colegios para la Vida* es un caso de estudio útil ya que permite comparar actores expuestos a ideas similares (de un mismo proyecto), pero que residen en distintas partes Lima, así como la intervención de una gran corporación financiera en el sistema educativo, algo sin precedentes en nuestro país.

Colegios para la Vida es una cadena de colegios que, a la fecha, cuenta con más de 30 sedes en todo el Perú, su mayoría concentrada en distritos de Lima Metropolitana, y un aproximado de 25.000 estudiantes.[1] Además, actualmente abarca el

1. *Colegios para la Vida* se proyecta a tener más de 65 colegios en el año 2020, tanto en Lima como en otras regiones del país, y una población

3% del mercado de colegios privados peruanos. Es un proyecto educativo que forma parte de uno de los consorcios financieros más grandes del país, que cuenta con una serie de negocios en diversos rubros económicos (servicios financieros, cines, supermercados, farmacias, entre otros). Este posicionamiento en distintos mercados les permite acceder a información clave sobre el nivel de consumo de las familias y mapear potenciales nichos para la apertura de nuevos colegios.

> Lima está dividida para nosotros en cuadraditos de 2 kilómetros cuadrados cada uno, donde se ha levantado información de cuántas familias hay, cuántos niños en edad escolar y que estén en el sector que nosotros apuntamos. De acuerdo con eso, en las regiones también; las regiones se analizan para ver si hay capacidad de la ciudad de poder tener un colegio, ya sea de 500, 100 o 1500 estudiantes, estos son los colegios pequeños, medianos o grandes. Entonces, van a haber sectores o ciudades muy pequeñas que ni siquiera van a poder pagar las pensiones que nosotros tenemos, entonces ese es el estudio que se hace. (Directivo 3)

En comparación con la información que tiene el Estado acerca de los usuarios del servicio educativo, la información sobre preferencias y capacidad de consumo que maneja *Colegios para la Vida*, y la corporación que lo respalda, sobre los peruanos, les ha permitido crear una propuesta educativa atractiva para un sector de la población con reciente capacidad adquisitiva, pero que matriculaba a sus hijos e hijas en colegios privados de dudosa calidad; es decir, han sabido satisfacer una demanda de consumo insatisfecha. Los fundadores e inversionistas de

---

estudiantil de alrededor de 65.000 estudiantes, abarcando así el 11% del mercado de oferta privada de educación básica del país.

Colegios para la Vida vieron en esta situación una doble oportunidad económica. Por un lado, un espacio para abrir un negocio potencialmente rentable:

> Queremos derribar el mito de que la educación de calidad es incompatible con la rentabilidad. A mí me preocuparía recibir donaciones, porque el día que se me corta la subvención mi proyecto se acaba. Que hay educación de mala calidad con gente que lucra es otro problema. El Estado no ejerció su función fiscalizadora. (Directivo 1, 16 de enero 2016)
>
> Se trata de hacer algo que funcione y que demuestre que si tú haces las cosas bien podrías tener una educación sostenible para ese segmento de clase media. Si eso se puede replicar para los ultra-pobres, seguro que no. Pero lo que cuesta un chico, un alumno de *Colegios para la Vida*, es relativamente barato. (Directivo 2)

Por el otro, y no menos importante, contribuir con la generación de capital humano que pueda garantizar el desarrollo del país y, en su defecto, la economía. Es decir, un negocio que al largo plazo sea rentable, sostenible y escalable. Se busca ofrecer un producto de calidad, que contribuya a mejorar la educación del país, generando ganancias sostenibles para sus inversores.

> Principalmente por una sostenibilidad del país. Saben que cualquier empresa de éxito en el Perú no tiene futuro si es que realmente no cambia la educación. Entonces, por eso es que el grupo apunta a también trabajar en el sector y primero fue *Colegios para la Vida*, que es educación básica, también está el instituto que tiene la parte de educación tecnológica y superior, y para toda la parte de desarrollo de competencias empresariales está el otro instituto. (Directivo 3)

El proyecto maneja un discurso y una lógica bien articulada que no solo se logra ver entre los directivos y los trabajadores del proyecto, sino que se transmite a los padres y estudiantes efectivamente debido al trabajo que hacen dentro de las mismas escuelas.

Este proyecto educativo es, en efecto, «una apuesta por un modelo de educación distinto, pero que pueda ser sostenible» (Directivo 2), y esta sostenibilidad es importante porque, como afirma la persona entrevistada, *Colegios para la Vida* no es un proyecto de responsabilidad social. *Colegios para la Vida* emplea una estrategia de *marketing* educativo; es decir, «un proceso de investigación de las necesidades sociales para desarrollar servicios educativos tendientes a satisfacerlas, acorde a su valor percibido, distribuidos en tiempo y lugar, y éticamente promocionados para generar bienestar entre individuos y organizaciones (Manes, 1997)» (Tiramonti y Ziegler 2008: 68).

El usar el *marketing* educativo como una estrategia para asegurar la rentabilidad y sostenibilidad de su negocio no quiere decir que *Colegios para la Vida* es un negocio lucrativo sin interés en la calidad de la educación que brinda. Por el contrario, para sus fundadores, directivos y trabajadores constituye también una apuesta por transformar la educación peruana.

> Si tú me preguntas qué es lo que queremos. Queremos transformar la educación en el Perú. Nosotros creemos que la educación en el estado en el que está no requiere maquillajes, sino transformaciones profundas [...] Nosotros estamos trabajando muchísimo para ser considerados en el año 2021 como una de las mejores experiencias educativas en el mundo, no en el Perú, no en América Latina. Nosotros queremos ser considerados como uno de los mejores colegios del mundo. (Directivo 1)

Esta apuesta tiene una perspectiva de calidad específica, tanto en los aprendizajes como en la gestión educativa, que está fundamentado en una serie de pilares y prerrogativas educativas. La tecnología integrada a los contenidos educativos, los profesores bien capacitados, la formación en valores y la infraestructura son los cuatro rubros que busca resaltar el proyecto y que los padres y madres de familia valoran de *Colegios para la Vida*.

Para asegurar su éxito en esta tarea, el proyecto fomenta el constante trabajo colaborativo con laboratorios de innovación y plataformas tecnológicas en el diseño e implementación de su currículo. El trabajo que realiza *Colegios para la Vida* está respaldado por una serie de herramientas académicas y tecnológicas desarrolladas en laboratorios de universidades prestigiosas de Estados Unidos. Asimismo, han aplicado una serie de estándares de calidad que les permiten evaluar y modernizar constantemente la metodología impartida.

> Nosotros tenemos este perfil de salida del estudiante que está... básicamente son las competencias de la OCDE, que son las competencias para el siglo XXI, que tiene todas estas competencias más cognitivas [...] pero también toda esta parte de las competencias socioemocionales que es algo que en el sector que hemos estado nosotros no se tomaba mucho en cuenta. (Directivo 3)

La apuesta de *Colegios para la Vida* es por una educación que incorpore capacidades académicas y socioemocionales para mejorar la calidad de la educación en el país, especialmente la educación privada de bajo costo, a la que históricamente han accedido los sectores sociales con menor capacidad económica. En este caso, *Colegios para la Vida* se enfoca en captar al sector que ha logrado mejorar sus ingresos gracias al crecimiento económico del país, pero que aún no tiene acceso o capacidad, por diversos motivos, para movilizarse socialmente de forma horizontal o consumir otro tipo de servicios aún más «selectos».

¿Clase media emergente?

Durante esta investigación, hemos escuchado a los entrevistados afirmar, en repetidas ocasiones, que *Colegios para la Vida* es para el sector emergente. Si bien la discusión sobre la naturaleza y tipología de la clase media es de larga data (y aún no ha terminado),[2] consideramos importante retratar por qué es que a estas familias se les denomina como de clase media emergente. Como se observará a continuación, son familias que han logrado movilizarse educativa y socialmente generación tras generación, y que, además, tienen una percepción de esa mejora.

Se encuestó a 25 madres, 12 padres y 21 estudiantes que participaron en los grupos focales de las 4 escuelas visitadas. El objetivo de la encuesta era obtener información acerca de las trayectorias educativas familiares de los participantes. De acuerdo con los resultados, se pudo observar que la trayectoria educativa de los padres de familia es distinta a la de los abuelos.

De los 37 padres y madres de familia, 33 han logrado alcanzar algún tipo de educación superior, ya sea técnica o universitaria; 20 de estos padres han estudiado en centros educativos privados de educación superior. La proporción entre madres y padres es similar; del total de madres, 23 tienen educación superior (10 universitaria y 13 técnica); mientras que, en el caso de los padres, 10 tienen educación superior (7 universitaria y 3

2. Para una discusión sobre clases medias, leer la revisión y discusión teórica planteada por Huber y Lamas (2017).

técnica). Aunque hay un porcentaje similar de madres y padres con educación superior, la división entre tipos de educación superior es distinta. El 70% de padres de familia acceden a una educación superior universitaria, cifra que llega al 50% para las madres de familia.

La experiencia en educación superior de los padres se contrasta con su trayectoria en la educación básica regular: 25 de los 37 padres y madres de familia han cursado la primaria y secundaria en un colegio público. De estos 25, 15 estudiaron su educación superior en una institución privada, 7 en universidades particulares y 8 en institutos privados. Al igual que ellos, la mayoría de sus hermanos cuenta con estudios superiores y ninguno se ha quedado sin concluir la secundaria.

Esta situación se compara a la de los abuelos (padres y madres de los papás y mamás encuestados en este estudio). Los participantes provienen de familias en donde, mayoritariamente, solo uno de los padres ha completado uno o ambos niveles de la educación básica regular (primaria y/o secundaria). Solo hay 7 casos en los que ambos abuelos cuentan con estudios superiores, en su mayoría técnicos. En 3 casos, los encuestados provenían de familias en las que por los menos uno de los padres no había completado ningún nivel de la educación formal.

Estos datos no solo podrían estar mostrando mejoras de las familias en términos económicos, sino también una migración hacia el servicio educativo privado. Los hijos e hijas de los padres y madres de familia que participaron en este estudio realizan, o han realizado, toda su educación en instituciones educativas privadas. Asimismo, las familias con hijos que actualmente cursan la educación superior, estudian mayoritariamente en instituciones privadas.

Estas trayectorias atestiguan un proceso de movilidad educativa en estas familias. La movilidad no solo está en que los padres hayan alcanzado un nivel educativo más alto que los abuelos, sino que sus hijos e hijas estén cursando su educación básica en una escuela privada de calidad y con una mensualidad que no baja de los 370 soles. La expectativa familiar se incrementa y los padres aspiran a que sus hijos lleguen más lejos y tengan mejores oportunidades.

De esta forma, los padres y madres reconocen que sus hijos se encuentran en una mejor posición económica que la suya cuando eran niños o adolescentes (84%), y que, además, ellos están en una mejor posición económica en comparación con sus padres (89%). Esta percepción de mejoría se vislumbra en la trayectoria educativa de los padres y madres de familia y sus hijos e hijas.

Este avance en su educación y en la posibilidad de acceder y aspirar a otros espacios sociales (colegios y universidades privadas, desempeñándose en empleos relacionados a su carrera, entre otros) es lo que distingue a la clase emergente. Es un grupo social que ha visto el esfuerzo constante de sus antecesores por mejorar la situación económica familiar y, tal como lo precisamos en el capítulo anterior, este progreso está íntimamente relacionado con el mito de la educación. Para ellos, la búsqueda de oportunidades pasa por invertir en la educación de las generaciones futuras, así como sus padres, a través de la educación, les abrieron a ellos unas oportunidades que no tuvieron.

Capítulo 3

¿El mito sigue vivo?

Con su investigación sobre credencialismo y la nueva clase media, Huber y Lamas (2017) plantean una discusión importante sobre la vigencia y realidad del mito de la educación. Si bien antes la educación era un mecanismo para acceder y ser reconocido por el Estado e integrarse a la sociedad peruana como un ciudadano, actualmente, «la población universitaria de clase media emergente, [...] opta en su mayoría por estudiar carreras con la mira de conseguir trabajo en alguna empresa privada o desarrollar su propio negocio» (Huber y Lamas 2017: 73). Para los autores, el mito de la educación ya no es más la búsqueda del reconocimiento e integración social, sino el logro del éxito individual tan prometido por la ideología neoliberal.

La reflexión de Huber y Lamas permite esbozar una serie de interrogantes: ¿si el mito ha cambiado, cómo ha cambiado la relación de las familias con el Estado?; ¿qué es lo que sigue moviendo el ímpetu de las familias por invertir en educación?; ¿y ahora en educación de calidad?; ¿cómo interviene el sector privado en la realización de este mito?; ¿si hay tanta desigualdad en la oferta educativa privada, entonces, es el mito una posibilidad?; ¿el mito solo permite salir del fondo de la escalera más no triunfar?

En esta sección pretendemos proveer información que ayude a comprender algunas de las preguntas planteadas en el párrafo anterior. Las elecciones educativas de las familias de *Colegios para la Vida* dan señales sobre la vigencia del mito de la educación, es decir, de la expectativa de superación y movilidad social a través de la educación, y su importancia para las familias del sector emergente. Tanto sus respuestas, como las de los directivos y trabajadores de *Colegios para la Vida*, permiten complejizar la idea del mito y cómo la escuela es una estrategia de movilidad social con nuevos componentes.

Los criterios con los cuales los padres seleccionaron *Colegios para la Vida* para sus hijos, los hemos organizado utilizando la tipología presentada en la introducción. Las tres perspectivas (racional, cultural e ideacional) permiten ordenar las ideas y percepciones de los actores escolares y, a su vez, comprender la multiplicidad de razones detrás de la creación de un proyecto educativo y la elección que hacen las familias de este.

Componente racional: La educación como negocio sostenible

La literatura señala que para seleccionar una escuela las familias realizan un análisis costo-beneficio sobre su inversión educativa y los beneficios que esta trae (Sanz 2014, Balarín 2015). Las inversiones, ya sean de la demanda o de la oferta, siempre denotan decisiones de tipo racional. Para los gestores del proyecto y sus socios financieros, el interés de crear el proyecto e invertir en él es producto también de un análisis económico sobre la sostenibilidad del país a largo plazo. No se trata de brindar una educación de calidad para aquellos que no acceden a esta porque la educación es un derecho, sino porque se reconoce que mientras el Perú no tenga una buena educación, no progresará.

> Yo me convencí de que este país no es sostenible en el largo plazo [...] Esa distancia que hay entre la gente es muy grande y más aún el *gap* que existe entre aquellos que tienen acceso a una educación de calidad y aquellos que no la tienen es muy grande en el Perú... Yo creo que [el Perú] nunca va a ser un país de primer mundo si no transformamos la educación. Y como este es un problema súper grande, yo creo que no es solamente un problema de los gobiernos de turno, sino de la sociedad en su conjunto, y ahí fue que tomé la decisión a los 45 años de dejar mi trabajo y dedicarme a la educación. (Directivo 1)

Así, el proyecto es, a su vez —como toda inversión— un negocio que debe generar sus propios recursos para ser sostenibles a largo plazo. Se busca comprobar que la inversión privada y la educación de calidad no son mutuamente excluyentes.

> Nosotros quisiéramos estar en todo el Perú, pero nosotros tenemos estas tres estrategias y una de ellas es ser autosostenibles, o sea, nosotros no somos responsabilidad social de la corporación, no es que vivamos subvencionados, nosotros vivimos de nuestras pensiones. Entonces es eso también que nos hace mapear las ciudades del Perú y ver dónde podemos estar. (Directivo 3)

Entonces, el objetivo es demostrar que se puede ofrecer una educación de calidad (factor crucial para el proyecto) a un precio accesible, generando utilidades para sus inversores,[1] y,

---

1. Esto no es necesariamente malo. *Colegios para la Vida* se esfuerza por ofrecer una educación de calidad, algo que gran parte de la oferta educativa privada a la que pueden acceder estas familias no ofrece. No

además, contribuir a la sostenibilidad del país a través del mejoramiento del capital humano.

Casi en la misma lógica, los padres y madres de familia y los estudiantes invierten en *Colegios para la Vida* por razones muy concretas. En primer lugar, porque la infraestructura es amplia y adecuada para que sus hijos puedan aprender. Es un ambiente cómodo y cuenta con los recursos necesarios para el aprendizaje, el cuidado y la recreación. Estos motivos de elección de escuela coinciden con lo encontrado en diversos estudios (Balarín 2015; Bernal y Lorenzo 2013; Elacqua 2004a, 2004b; Sanz 2014). Los autores afirman que, usualmente, para los sectores emergentes, la infraestructura y cercanía al hogar son factores importantes en la elección del colegio de sus hijos.

Esto también se observó cuando se les consultó a los padres sobre qué deberían mejorar las escuelas. Los padres resaltaron que el incremento del número de estudiantes dificulta la labor de los docentes y reduce el espacio de recreación de los niños. Asimismo, los estudiantes señalaron que deberían implementar bibliotecas en donde tengan facilidades para hacer sus tareas, colocar rampas para personas con discapacidad y ampliar las áreas de alimentación (kioscos).

> Como es colegio, es un colegio grande, es un colegio de una empresa, es un grupo, ¿no? Deberían, con el prestigio que tienen, deberían de poner toldo, más que todo, toldo en el patio. (Padre de la Escuela 3)

---

obstante, como todo negocio, necesita ser rentable y, como todo producto, debe ser vendible.

La relación entre prestigio, costo e infraestructura es clave para los padres. Si el colegio cuesta, es porque debe ser bueno y, por ende, debe asegurar algunos mínimos. Si bien los padres reconocen que es una escuela cara para la zona en la que se encuentra, todo lo que ofrece *Colegios para la Vida* compensa y supera el precio que pagan, ya que enseñan lo mismo que otros colegios de distritos con mayores niveles socioeconómicos.

> No, acá la enseñanza es tan buena como decir en Miraflores, en Chorrillos, lo que sea, pero es lo mismo. Si acá se hace una actividad, allá igualito, o sea, no se desprestigia porque es este distrito, o sea, ganó, el colegio ganó, ganó acá y tiene por 5 años un certificado de que es bueno a nivel internacional. (Padre de la Escuela 3)

La idea de que *Colegios para la Vida* no tiene nada que envidiar a otros colegios privados que son más caros es importante, y es que, como observaremos en la siguiente sección, esta idea más racional, de costo-beneficio e inversión en educación, también tiene un correlato con la ubicación de las familias en la estructura social. No solo invierten en algo más caro porque es mejor, sino porque los diferencia, tal como dice la cita anterior, reconociéndolos con un certificado aceptado a escala internacional.

Ahora bien, para mantener el proyecto en pie, no solo se necesita el interés de las familias, sino que se debe tener todo un aparato institucional que asegure el servicio que se brinda. Un componente importante de este aparato son los docentes. Si bien los docentes entrevistados afirman haber entrado a *Colegios para la Vida* «de casualidad» o «por curiosidad», y no primordialmente por los beneficios económicos, este proyecto educativo desarrolla una serie de incentivos para asegurar que su inversión en la preparación de docentes y directores también sea rentable y sostenible.

Dado que el ritmo de trabajo en *Colegios para la Vida* es exigente[2] e implica reaprender una serie de cosas relacionadas a la pedagogía propuesta, no todos los docentes se quedan o se acostumbran al ritmo de trabajo. De acuerdo con uno de los directivos: «Lo peor que le pasa a *Colegios para la Vida* es cuando se le va un profe» (Directivo 2). Por esta razón, y con el fin de motivar a las escuelas a retener a las familias y a los docentes,[3] los directores de las escuelas reciben bonos económicos por sus tasas de retención y el cumplimiento de otros objetivos. El hecho de que la corporación tenga una serie de empresas en distintos rubros facilita estos beneficios.

De igual forma, al ver que los docentes preferían irse al Estado debido a los beneficios de la carrera magisterial, *Colegios para la Vida* ha implementado una carrera docente para que los profesores puedan ascender dentro de sus propias escuelas y de toda la cadena de colegios. Este esquema de ascensos es importante, ya que asegura que los trabajadores se sientan motivados y, además, encaja con la política empresarial que tiene la corporación de la que forma parte *Colegios para la Vida*. Hay una firme convicción sobre la necesidad de desarrollar capital humano en todos los aspectos.

---

2. Los profesores deben asistir a capacitaciones dos veces al año, trabajar hasta las 5 p. m., dos veces por semana y asistir a reuniones de coordinación e intercambio en la sede central de *Colegios para la Vida* y otras escuelas.

3. Los directivos y trabajadores de *Colegios para la Vida* nos comentaron que hay familias que se van porque no llegan a comprender la propuesta educativa.

> Los profes de *Colegios para la Vida* no pueden hacer doble jornada como los profes del sector público. Si chambeas en estos colegios, chambeas hasta las 4:30 o 5, al menos. Entonces, estás frito. Es tu única chamba. Dos, tienes salarios competitivos un poquito superiores a los del sector público, por supuesto. Además, tiene un montón de paquetes de ascensos. Una carrera al interior de *Colegios para la Vida* es muy clara y bastante promotora. Y además tienes un conjunto de otros incentivos. (Directivo 2)

A los docentes también se les otorgan bonos, cupos de alimentación, descuentos en otras empresas de la corporación, capacitaciones permanentes, acompañamiento pedagógico, entre otros.

> El beneficio que a mí más me agrada es que nos dan capacitaciones. El hecho de que nos manden a capacitar todo un mes, que nos den la propuesta que ellos ven, que ellos tienen en este caso, y aparte que nos mandan con especialistas en cada área que es en la que tú te desempeñas... es una experiencia muy rica, y aparte te dan beneficios por pertenecer a la cadena, pero es algo más secundario. (Docente 2 de la Escuela 3)

Esta combinación de inversión en educación, calidad y formación docente es considerada como el principal aporte de *Colegios para la Vida* a la educación peruana por los actores entrevistados. De este modo, la mezcla de diversas herramientas, entre ellas el *marketing*, son importantes para mantener al público objetivo interesado en la propuesta y sostener el proyecto como negocio. Consideramos importante pensar en el impacto que *Colegios para la Vida* tiene y tendrá en unos años, de acuerdo con su proyección. Un proyecto de esta escala tiene la posibilidad de transformar tanto a escala corporativa como individual las reglas de juego en el mercado educativo al que accede el sector emergente.[4]

Componente cultural: «Acá hay familias como nosotros»

Las elecciones educativas y la construcción del mito de la educación no solo tienen un componente racional, de inversión para beneficios económicos, sino que también es visto como un mecanismo de movilidad en la estructura social y de diferenciación con otros grupos. Desde la oferta y la demanda educativa, hay una clara identificación sobre el impacto que tiene la educación en la generación de marcadores de distinción y quién puede (¿y debe?) acceder a este servicio.

Para los actores de la oferta, *Colegios para la Vida* está orientado a un «nuevo» sector social, producto del «desborde popular» y de las migraciones del campo a la ciudad (Matos Mar 1984) que buscan invertir en una «mejor» educación porque es un mecanismo de superación y movilidad social (Benavides y Etesse 2016).

> Son familias que vinieron con muy poco, han sufrido muchísimo en ese lapso, han trabajado durísimo para darle a sus hijos un mejor horizonte. Y si ellos no pudieron tener estudios superiores, sus hijos puedan tenerlo. Esa clase media emergente, está en Comas, Carabayllo, Puente Piedra, San Juan de Lurigancho, San Juan de Miraflores. Entonces esas son las zonas en la que nosotros estamos operando. (Directivo 1)

---

4. Afirmamos esto porque creemos que *Colegios para la Vida* no está compitiendo en el nivel de los colegios de élite.

La clase media emergente, como los llaman, son migrantes o hijos de migrantes que gracias a que han logrado acumular capital económico, tienen ahora una mayor capacidad de consumo en comparación con sus padres y abuelos (Matos Mar 1984, Toche 2010). Así, *Colegios para la Vida* identifica como su público objetivo (su nicho de mercado) a familias que tienen una trayectoria de movilidad social ascendente y que buscan invertir parte de su economía en una educación de óptima calidad (o vista así) para sus hijos.

> Mira, básicamente padres emprendedores, que no tengan mucho miedo al cambio, generalmente son de segunda generación de migrantes. O sea, ya sus papás han hecho un gran cambio y ahora ellos están haciendo un gran cambio con sus hijos ¿no? Entonces, creo que es el sector en donde estamos que hace que también calce con esta propuesta de innovación que nosotros traemos. La innovación para el sector, la innovación para la educación. (Directivo 3)

Caracterizan a estas familias como personas «pujantes», que hacen un gran esfuerzo por salir adelante (Degregori, Blondet y Lynch 1986; Quijano 1980), y han logrado convertirse en profesionales. Este mayor nivel de capital cultural está relacionado directamente a su interés en invertir en una «mejor» educación para sus hijos. La educación representa la aspiración a movilizarse socialmente.

> Realmente aquí hay padres que salen adelante, que son profesionales, son pujantes, son comerciantes, él también, tengo padres que son profesionales, tengo un padre que también es escritor de libros, tengo una madre que es abogada. Yo realmente aquí siento que en este distrito estamos personas que salen adelante, no solamente a través del comercio sino también de la profesión, y si hacemos una encuesta, son personas profesionales,

ellos apuntan a eso, apuntan a que sus niños también sigan en la misma línea ¿no? (Docente 1 de la Escuela 3)

Para los trabajadores de *Colegios para la Vida*, las familias reafirman el mito de la educación (Ansión 1998, Cotler 1991, Degregori 2013), pero con expectativas superiores para sus hijos. Los padres no quieren que sus hijos vayan a cualquier colegio o universidad, porque saben la diferencia entre estas. Ellos desean que adquieran el capital cultural al que, por su trayectoria, ellos nunca pudieron acceder:

> [...] el alumno que sale debe estar bien formado para que pueda aprender en cualquier universidad y se pueda adaptar, que pueda hacer un grupo de estudio en la universidad, que pueda ser delegado de la universidad, que pueda movilizarse, que pueda hablar con algún gerente y tenga formas de cómo hablar con la persona. [...] Que puedan ingresar a una universidad y que se puedan desenvolver bien, eso es lo que quieren y el tipo de universidad también, no quieren cualquier universidad [...] Universidades que quizás ellos no han ido porque la mayoría es proactiva, se ha organizado sólo en su empresa, la mayoría... no todos son de universidades. (Directora de la Escuela 4)

Una mayor capacidad de consumo les da mayor libertad para elegir el centro educativo de sus hijos (Ball 2003, en Olmedo y Santa Cruz 2008) y para exigir que los productos que adquieren sean de mejor calidad. Es decir, que de verdad les garanticen los beneficios que trae consigo la educación[5] y exista

---

5. De acuerdo con la investigación realizada por Huber y Lamas (2017) y los diferentes estudios de Benavides (2004, 2007; Benavides y Etesse 2012), la educación no tiene el mismo efecto de movilización social para todas las personas. La heterogeneidad en la oferta educativa, es-

una correspondencia entre su nueva posición económica y su estatus social.

Esta concepción sobre las familias que eligen *Colegios para la Vida* también es compartida por los padres de familia y estudiantes. De acuerdo con la encuesta que realizamos, el 57% de los estudiantes creen que en su escuela estudian jóvenes como ellos, mientras que el 89% de padres encuestados afirmó que en el colegio en el que se educan sus hijos existen familias que comparten características similares. Esto permite afirmar que hay, especialmente de parte de los padres, una sensación de que comparten el espacio educativo con personas que son o han tenido una trayectoria parecida.

Un primer diferenciador entre las familias de *Colegios para la Vida* y «otras» familias es lo económico. En los grupos focales, los padres reconocieron que las familias que ponen a sus hijos en *Colegios para la Vida* son aquellas que tienen posibilidades económicas o un trabajo estable que les permite pagar el costo de la mensualidad.

> No muchos de la zona pueden pagar este precio. (Padre de la Escuela 3)
>
> Los que tienen posibilidades económicas [...] y trabajo fijo, los traen [...] Si no tuviera un trabajo fijo, cómo pagaría, es muy difícil pagar esto. (Padre de la Escuela 2)

---

pecialmente la privada, ha generado una profunda desigualdad en el mercado laboral. Los colegios y las universidades en las que se estudia tienen, en efecto, un impacto en el futuro de los jóvenes. Esto no es necesariamente resultado de los contenidos que se imparten en las instituciones educativas, sino más bien de la reputación y conexiones que la institución educativa puede ayudar a crear.

Uno de los principales elementos que permiten caracterizar a las familias que acceden a estas escuelas es que, a diferencia de otras, para matricular a sus hijos pueden seleccionar dentro de un abanico relativamente amplio de posibilidades (Ansión 1998, Cuenca 2013b, Sanz 2014). Hay un reconocimiento del esfuerzo que implica tener a sus hijos e hijas en estos colegios.

Asimismo, los padres y estudiantes se perciben diferentes en estatus de aquellos que acceden a la educación pública. Muchos de los padres afirmaban que a los colegios públicos asisten «alumnos de todo tipo» y «gente de mal vivir», e hijos de padres que no tienen un buen nivel educativo, no están interesados en la educación de sus hijos o no saben leer ni escribir.

> Un año, me acuerdo, que vinieron, hubo huelga en los colegios nacionales, creo que pasó tres, cuatro meses, nos llenaron el salón éramos 22 alumnos, nos llenaron el salón con montón de muchachos del colegio estatal, pero horrible porque vinieron de toda clase. O sea, bueno, de toda clase había, hasta chicos que hablaban groserías y a veces uno, uno en ese tiempo, bueno, en ese tiempo nosotros estábamos con otras cosas... y nos empezaban a hablar, venían y nos tiraban piedras a los colegios, mismos pandilleros. (Padre de la Escuela 2)

Los estudiantes también establecen una serie de diferencias entre la educación pública y la privada. Para empezar, reconocen que ellos cuentan con mayores oportunidades que sus padres cuando eran niños debido al tipo de educación que están recibiendo: estudian en un buen colegio particular, con mayor tecnología y facilidades; mientras que algunos de sus padres estudiaron en colegios públicos.

> Porque nosotros estamos estudiando con tecnología un poco más avanzada que antes, estamos estudiando en un colegio privado.

> Mientras que ellos estudiaron en colegio nacional. (Estudiante de la Escuela 4)

Esto evidencia que hay cierta consciencia del proceso de movilidad social que ha experimentado la familia en función de sus oportunidades para acceder a una serie de servicios, entre ellos la educación (Adams y Valdivia 1991, Benavides y Etesse 2016).

Al contraste económico-social percibido, se le añade un diferenciador más subjetivo: existe la idea de que las familias de *Colegios para la Vida* están en búsqueda de algo diferente, algo que pueda dotar a sus hijos e hijas de nuevas herramientas para que puedan enfrentar el cambiante contexto social actual y, también, entrar a espacios universitarios y desenvolverse social y académicamente sin problema.

> Yo creo que lo común es que todos queremos un cambio, todos queremos un cambio, una visión diferente y que... queremos que nuestros hijos sean exitosos en todo sentido, felices de lo que hacen, de lo que decidan hacer y que no tengan miedo por decidir, por trazarse metas muy enormes y que saben que no se van a frustrar si no lo logran, lo lograrán después y que todos nosotros estamos ávidos de aprender. (Padre de la Escuela 2)

Los testimonios muestran que los padres de familia de *Colegios para la Vida* se consideran a sí mismos, e identifican a las demás familias, como personas en busca de una educación diferente, alternativa y moderna, en contraposición a modelos tradicionales de enseñanza que aún priman en la educación pública e incluso en muchos colegios privados. Además, marcan una distancia y se muestran críticos de quienes optan por un modelo «tradicional» de educación.

El nuevo modelo educativo impartido por *Colegios para la Vida*, que se termina materializando en un discurso sobre modernidad, termina siendo también un factor de diferenciación tanto dentro como fuera de las propias familias de los entrevistados. Los padres y los estudiantes comparan su proceso con los de sus primos o sobrinos y están orgullosos de esa diferencia. De esta forma, van creando una correspondencia entre el estatus económico y social, diferenciándose a través del consumo educativo.

Al igual que los estudiantes, los padres y madres coincidieron en que la educación es importante porque brinda las herramientas necesarias para poder defenderse con seguridad en el futuro. La educación entonces constituye un bien que brinda las herramientas para desenvolverse y salir adelante (Cuenca 2013b, Sanz 2014).

> La aspiración como padre —de la mayoría— es darle lo mejor a nuestros hijos y al mismo tiempo que nos superen, ¿no? Que ellos sean mejores que nosotros, en todo sentido. Y es por eso que apostamos por una buena educación, ¿no? Acorde dentro de nuestras posibilidades. Para que ellos puedan lograr mejoras en el futuro, un trabajo. (Padre de la Escuela 3)

A partir de las conversaciones con los participantes, se pudo constatar la persistencia del «mito de la educación». La educación es vista como el camino para el progreso y la superación. Para estos padres, tal como sucede con los padres de otras partes del mundo, la educación también constituye la mejor herencia que pueden dejarle a sus hijos para «defenderse» en el futuro y enfrentarse a un mundo competitivo donde saben que ellos no tienen la ventaja (Ansión 1998, Cotler 1994).

> Yo creo que es importante estudiar porque todo empieza en el estudio. Mediante todo el estudio tú puedes obtener trabajo, puedes ingresar a la universidad, puedes tener saberes, ¿no? O sea, toda la base es el estudio para la vida. (Estudiante de la Escuela 4)

Los testimonios recogidos y presentados dejan entrever un posible proceso de cierre social (Ball 2003 en Olmedo y Santa Cruz 2011, Bourdieu 1998, Sanz, 2014). No es solo la diferencia económica la que cuenta, sino también la diferenciación social en el acceso a una oferta educativa pública o privada y el tipo de proyecto educativo elegido. Eligiendo el colegio, los padres se cercioran de que sus hijos adquieran las herramientas necesarias para desenvolverse en los espacios a los que ellos aspiran para sus hijos; es decir, espacios que les aseguren éxito social y económico. Incluso cuando se les preguntó a los padres y madres si cambiarían a sus hijos a colegios más caros en caso tuvieran el dinero para hacerlo, el 44% afirmó que elegiría una escuela más cara. Los padres están conscientes de que sus hijos están en una buena escuela, acceder a otra escuela más cara, con más recursos educativos y con mejores contactos, también es importante.

A diferencia de las clases medias altas y altas que utilizan la elección escolar como un mecanismo de reproducción social y, si es posible, adquisición de más capital social, económico y cultural (Tiramonti y Ziegler 2008), para estos padres y madres, *Colegios para la Vida* es un mecanismo de movilidad social que permite a las clases emergentes aspirar a la educación a la que acceden las élites: una educación moderna y de certificada calidad. El acceso a una escuela más cara no es solo un símbolo de calidad, sino también un símbolo de acceso a un estatus que antes no tenían.

Tal como afirman Huber y Lamas (2017: 75):

> Transformando discursivamente "micro-diferencias en macro-desigualdades" (Bernstein 1996: 11, citado en Ball 2003: 77), la selección de la escuela reproduce así la estratificación entre clases medias y populares. Hacia el otro lado de la escalera social, aquel que lleva hacia arriba, los padres intentan, en la medida de lo posible, ganar acceso a instituciones de élite para sus hijos con el fin de maximizar sus oportunidades [...].

Si bien cualquier persona que puede pagar la pensión de *Colegios para la Vida* accede a este, el costo del colegio, la metodología y las actitudes u opiniones de los padres con respecto a las familias que no optan o no pueden pagar, crea un proceso de diferenciación social. Esta diferenciación se expresa también en la forma cómo describen a las familias que acceden a la escuela pública. Así, se marca una distancia que posiciona al propio grupo como diferente y en una mejor situación socioeconómica y cultural.

> Pero nosotros hemos quedado, como muchos colegios estatales, de cero hacia abajo [...] Estamos hablando de un estrato social, económico, de cuyos padres son prácticamente analfabetos, estamos hablando esas zonas [...] padres que se dedican a la agricultura, que no saben leer ni escribir. (Padre de la Escuela 1)
>
> Uno tiene las facilidades. Por ejemplo, yo veo a otras personas que no tienen las posibilidades y da pena que tu hijo [...] esté en un estatal. (Padre de la Escuela 3)

Las familias buscan este espacio educativo (o llegan a este por diversos motivos) porque les permite acceder a una mejor educación y contactarse con personas con las que sienten que comparten un interés y una posición social. Aunque algunos aspiran a esto, deben desertar porque no pueden pagarla.

Los mismos directivos reconocen la diversidad y las dificultades que enfrentan estas familias para poder acceder a estos colegios. Están conscientes de que las familias tienen distintos niveles de ingresos y no siempre pueden pagar la mensualidad del colegio. Según sus testimonios, hay familias que se retiran del colegio porque no les alcanza para pagar la mensualidad y, posteriormente, se reintegran cuando vuelven a tener un ingreso más alto.

Los testimonios resaltan la condición de vulnerabilidad en la que viven muchas de estas familias, que hacen un esfuerzo para poder acceder a niveles más altos de consumo, por ejemplo, a la educación que brinda *Colegios para la Vida*, pero no lo logran establemente. Esta vulnerabilidad ha sido reportada en el estudio de Herrera y Cozzubo (2016). Los autores afirman que si bien el Perú ha bajado su tasa de pobreza, muchos hogares siguen siendo vulnerables a factores estructurales como el acceso al mercado laboral, y choques exógenos, como la enfermedad de alguien en la familia o un robo.

A pesar de estas dificultades, la apuesta por la educación como una única vía para la movilidad social constituye una inversión que camufla las desigualdades existentes entre aquellos que pueden acceder a colegios de élite o universidades de «prestigio» y aquellos que no. Este proceso también es el resultado de la combinación de una serie de factores sociales e históricos, entre ellos las reformas neoliberales de los años noventa, que han sido importantes para transformar la concepción y contenido del mito de la educación, tal como veremos en la siguiente sección.

Componente ideacional: «La educación peruana está en crisis»

El último componente de nuestro análisis hace referencia a un conjunto articulado de ideas o valores compartidos que han tomado importancia entre las familias como producto de las medidas neoliberales aplicadas por el Estado durante el gobierno de Fujimori en los años noventa. Estas reformas no solo transformaron el aparato estatal y la intervención del Estado en educación, sino que tuvieron un efecto en la relación Estado-sociedad, estableciendo una serie de ideas con respecto a la situación y valor de la educación pública y privada, la calidad educativa y el emprendedurismo como herramienta para la superación social y económica. Estas ideas o discursos tienen el poder de transformar la forma como las familias eligen consumir productos educativos y se posicionan en relación con el Estado.

En el Perú, existe una sensación generalizada de que la educación (particularmente la pública) está en «crisis». Para los entrevistados de la oferta y la demanda, la educación peruana no provee calidad ni asegura buenos resultados de aprendizaje de sus estudiantes. Esta situación es producto de una serie de problemas: 1) la poca inversión del Estado; 2) una gran heterogeneidad en la oferta; 3) la educación no pertinente para los diversos contextos; y 4) la falta de vocación de los docentes hacia la educación (también llamado «el problema del maestro»).

> La educación en el Perú está en una grave crisis. La educación en general, pública y privada, porque la educación privada es de muy mala calidad [...] El problema que tenemos con la educación es un problema grande, serio, de sistema. Desde las bases hasta la educación superior. (Directivo 1)

> En el Estado te brindan un montón de cosas. Hay capacitaciones gratis. Pero hay profesores que ni siquiera van, no van y son gratis, solo por presentar tu boleta o tu carné, tú puedes ir. Pero ellos no van, no van y se paran haciendo huelgas y qué sé yo, ¿no? Ahora, lo que son políticas, sí son muy pocas, o no, a veces ni las cumplen, como te digo, o sea, yo creo que la clave, la clave es el docente. (Docente 1 de la Escuela 2)

El desprestigio de los docentes que enseñan en colegios públicos está sumamente generalizado, tal como lo vimos también en la última huelga docente de este año (2017). De acuerdo con Oliart (2011), este antagonismo hacia los maestros es también producto del discurso construido durante la década de 1990.

> Hay profesores que no han terminado, por vara, por muchos motivos, por eso es la consecuencia que sucede, no ejercen bien la profesión. ¿Por qué?, porque no están preparados al 100% para ejercer ese puesto [...] Yo veo que en todos los estatales, ponle diez y cinco serán buenos, se puede decir, estudiados, con un título profesional, pero el resto no está preparado. Entonces, yo creo que cambiar es bien difícil. Bien que están comentando que se está cambiando, pero tiene que cambiar todo... evaluarlos a todos y quien se merece el puesto, pues ¿no? y solo así es la que va a cambiar la educación. (Padre de la Escuela 2)

Estas concepciones acerca de la situación de la educación en el Perú permiten explicar las ideas que los actores —que integran la demanda y la oferta— tienen sobre para quién es o debería ser la educación pública. Conciben la educación pública como exclusiva para quienes no pueden pagar una educación privada bajo una lógica de competencia y aprovechamiento de oportunidades.

> Ahora la gente que tiene bajos recursos, son las que tienen la prioridad porque obviamente no pueden pagar el colegio, pero también tendrían que mantener a los alumnos bajo un cierto nivel, si el padre de familia sabe que su hijo no es un buen alumno y no lo apoya, seguir brindándole la oportunidad a un niño que no está mejorando, no ayuda mucho porque le quita el espacio a otra persona que sí va a poder rendir [...] A mí me parece que tiene que ser para todos los que no pueden pagar un colegio particular aun así tenga trabajo, normalmente le dan la oportunidad a gente muy... muy humilde, pero a veces no lo saben aprovechar. (Directora de la Escuela 4)

La concepción de que la educación pública es para los «pobres» va en línea con la idea, por un lado, de que la educación —más que un derecho— es un servicio al que las familias deben acceder por sus propios medios e invertir en ello (Cuenca 2013b). Esta percepción coincide con el distanciamiento de los sectores medios emergentes del Estado (Sanz 2014). Por otro lado, también concuerda con el imaginario de que lo público posee una menor calidad que lo privado, por lo que, ante la posibilidad de pagar un colegio privado, se debe abandonar la escuela pública (Cuenca 2013b, Martuccelli 2015).

Las diferencias entre la educación pública y la educación privada que los actores de la oferta y la demanda plantean coincide con lo propuesto por Balarín (2015) y Cuenca (2013b) respecto del imaginario social que ubica lo privado como superior a lo público. Esta distinción es, además, característica de los sistemas de mercados segmentados estudiados en diversas investigaciones (Alegre 2010, Elacqua 2004a).

> La educación peruana, bueno la educación es vista de diferentes puntos, tenemos uno que es el sector privado, que es... bueno... la educación es pues así, un poco más especializada, más integra,

¿no? [...] Por otro lado, en los colegios nacionales los profesores son mucho más dejados. En cambio, acá tú ves un salón y todos los tutores están en su hora, están cuidando sus chicos, que no se vayan a caer, que no tengan un problema, que funcione todo a la perfección. En el estatal, sus chicos pueden estar sin profesores y el profesor puede estar tomando su café en el cafetín y, normal, no dicen nada, y las profesoras lamentablemente dicen "no, es que mi sueldo no lo justifica". Son dos realidades que tenemos lamentablemente. (Docente 2 de la Escuela 3)

A pesar de la creencia generalizada de que lo privado es superior a lo público, los padres y docentes reconocieron que el Estado viene trabajando en mejorar la labor de los docentes por medio de ascensos de acuerdo con sus méritos, evaluaciones constantes, capacitaciones e incrementos en sus remuneraciones en función de los resultados.

En cuanto al sistema, el sistema está cambiando, ¿no?, el público me refiero, el sistema público está cambiando para mejoría, ¿no? ¡Qué bueno! Porque yo también he estudiado en colegio estatal, mis pequeñas han estudiado en particular y hay una diferencia, ¿no? O sea, pero para ahora, del tiempo que estudió mi pequeña, ahora yo he visto que hay cambios, y bien, ¿no? (Padre de la Escuela 2)

Algunos manejan información al respecto y aplauden las nuevas iniciativas que favorecen al sector. Incluso, hubo padres y docentes que manifestaron que la educación pública debería ser para todos, siempre y cuando, se asegure la calidad. Para algunos de estos padres, la educación debería ser para todos, algo que no se da en la práctica.

Yo creo que para todos. No es, me parece que no tendría que ver nada con la clase social o el lugar donde vives, pero la educación

> pública está tan maltratada que hay mucha gente que por más que tenga que hacer mil sacrificios ponen a sus hijos en una institución privada, pensando que la educación es mejor o que van a salir mejor formados. Pero la educación pública debe ser para todos igual. (Docente 1 de la Escuela 2)
>
> La política acá en el Perú, aquí, es que la educación es gratuita y mira cuánto gastamos en la educación de nuestros hijos [...] No debería de ser así. (Padre de la Escuela 3)

Asimismo, de acuerdo con la encuesta aplicada, los padres señalaron que estarían dispuestos a cambiar a sus hijos e hijas a una institución pública si esta ofreciera una educación de calidad (64% a favor). Esto podría indicar que la decisión de poner a sus hijos en escuelas privadas radica en la importancia que tiene la calidad educativa en la elección de un colegio para sus hijos y en la opinión que tienen sobre la propia educación peruana, y no en la idea de que el Estado no debería tener un rol en la provisión de servicios educativos en el Perú.

Sin embargo, si bien la idea del derecho a la educación está presente, se percibe poco interés en las políticas públicas e iniciativas del Estado en el sector educación por parte de los padres de familia. No se observa un mayor compromiso o interés por asegurar que se cumpla su derecho. A pesar de que consideran que la educación es importante para el futuro de su familia y sus hijos y que la educación es un derecho, la despolitización de este sector vislumbra su distanciamiento del Estado.

Es más, depender del Estado, como hemos precisado anteriormente, es un estigma (Balarín 2015, Cuenca 2013b, Cuenca 2016, Sanz 2014). El Estado es tan obsoleto para estos padres, y a la vez tan cercano por sus trayectorias de vida, que necesitan asegurar mediante algún medio (en este caso, la educación) que sus hijos o hijas no dependerán del mismo. La aspiración de los padres, cuando hablan de movilidad social y superación, implica también no depender del Estado, ni estar supeditado a sus decisiones.[6]

> Y eso es lo que pienso yo, siempre le he dicho, gracias a mi experiencia, no lo veo malo, por mi experiencia trato de no depender, de tener tu propio trabajo, de formar lo tuyo, yo no quiero que dependas porque lamentablemente que ahorita el Estado está tan nefasto y yo le inculco eso, no dependas del Ministerio, forma lo tuyo, vas a estudiar para lo tuyo. (Padre de la Escuela 1)

Este alejamiento del Estado y el acceso a bienes privados, transforma a los usuarios en consumidores. En este mercado de libre competencia, los colegios deben esforzarse por ofrecer y «empaquetar» mejor sus productos (Fernández Esquinas 2004, Tiramonti y Ziegler 2008). Incluso entre los padres se reconoce que el mercado educativo privado también tiene objetivos de lucro.

> Creo que el tema de la educación privada, como es privada, entonces cada empresa, que es el colegio, busca *marketearse* un poco mejor, entonces ofrece o da diversos servicios o beneficios para los papás, en este caso son los consumidores, entonces hay un poco de competencia de: "a ver yo ofrezco más que ella" entonces yo ofrezco educación bilingüe, "yo ofrezco qué se yo, talleres", entonces yo ofrezco algo más en la parte significativa, en el conocimiento por el hacer y todo esas cosas. (Docente 1 de la Escuela 2)

---

6. Este distanciamiento del Estado como indicador de progreso contrasta de manera interesante con la expectativa que tenía la población de zonas rurales en las décadas de 1960 y 1970, en los que más bien el acceso a un cargo público era una estrategia de movilidad social. Específicamente, la carrera docente significó un ascenso en la escalera social pues como narra Contreras, «la profesión de normalista era una manera de regresar al lugar de origen con un mejor estatus» (2014 [1996]: 28).

> Básicamente los colegios particulares son un negocio, no vamos a negar. Es un negocio. (Padre de Escuela 1)

Colegios para la Vida no constituye una excepción. Dado que su proyecto es, al fin y al cabo, nuevo, deben crear un discurso convincente para que los padres entiendan el tipo de educación (¿o producto?) que ofrecen, y así diferenciarse del mercado educativo actual. La apuesta de *Colegios para la Vida* y el discurso que esta ha producido están marcados por una visión específica de lo que los directivos del proyecto consideran como calidad educativa.

Desde la perspectiva de los directivos, directores y docentes, el fin de la educación es formar ciudadanos integrales, con autonomía, capacidad de desenvolverse adecuadamente en distintos ámbitos, con una formación en valores. Todos estos componentes son parte de la propuesta educativa de *Colegios para la Vida*.

> ¿Cómo entendemos calidad? Para nosotros el centro es el alumno. Y lo que nos interesa es que los alumnos se desarrollen como personas. Nosotros no somos un colegio preuniversitario. Nosotros creemos que el desarrollo debe venir con la parte cognitiva y por la parte personal, y eso es lo que trabajamos de forma conjunta. (Directivo 1)

Para el discurso de diferencia respecto de otras propuestas educativas es importante la forma cómo promocionan y construyen un concepto de calidad. Así, su oferta, como dirían los entrevistados, es una educación integral, que valora lo académico según el ritmo de cada alumno y aboga por el desarrollo de los aspectos emocionales, como la autoconfianza, la comunicación, el liderazgo, entre otros.

La metodología, ya la he ido viendo poco a poco en diferentes colegios, pero aquí se complementa en uno solo, lo que vas viendo se junta en uno solo, el método, el programa del trabajo colaborativo que tienen los chicos, que los chicos sean bastante autónomos, creo que aquí se engloba todo lo que he ido buscando; la parte reflexiva también de desarrollo personal, entonces es un programa completo, es una forma de ver la educación de manera óptima. (Directora de la Escuela 4)

El hecho de que la metodología de enseñanza esté enfocada en el desarrollo de habilidades académicas y sociales, y no en el aprendizaje memorístico y transmisión de contenidos, es importante para los padres. Tal como se presentó en la sección anterior, estos elementos establecen un concepto de calidad, que se constituye en diferenciador de otras propuestas privadas (y de la pública). Si bien al principio a los padres les cuesta entender la metodología, aprenden (o les enseñan) a valorar el proyecto educativo.[7] Esta noción de calidad, tal como la presentamos en la sección anterior, se vuelve un diferenciador de los colegios «tradicionales», como ellos los llaman.

Aquí es totalmente diferente, me animé a traer a mi hija porque vivía en ese mundo tradicional, porque vivía en ese mundo tan tradicional, tan mecánico y tan memorista [...] Hoy por hoy, mi

---

7. Al principio, los padres y madres no entendían por qué sus hijos tenían mucho menos tareas y llenaban menos cuadernos que sus pares en otros colegios. Para ellos, existía una asociación entre el número de tareas y el uso de cuadernos y el aprendizaje y la calidad de la educación. Muchos padres, incluso, reclaman a los docentes por esto, o sacan a sus hijos del colegio. Sin embargo, al igual que sus campañas para lograr nuevos estudiantes, *Colegios para la Vida* también tiene que hacer un fuerte trabajo de *marketing* interno para explicarle a las familias la metodología que utilizan.

> hija es una niña de ocho años que es muy desenvuelta, es una niña que ha aprendido un montón el inglés, cuando de verdad, no sabía escribir los números del uno al diez, pero se ha desenvuelto un montón y me da mucho gusto escuchar a los papás que se habían convencido. Cuando *Colegios para la Vida* inició acá, fue muy difícil en el 2014, porque yo también ingresé, fue muy difícil porque teníamos muchos papás que se quejaban y no entendían la propuesta. (Padre de la Escuela 1)

De esta manera, *Colegios para la Vida* se esfuerza por crear «la visión de una institución dinámica, moderna ágil y preocupada por el futuro, a (des)imagen y (des)semejanza de las escuelas públicas de las que quieren diferenciarse» (Tiramonti y Ziegler 2008: 69).

Para Elacqua (2004a, 2004b), la preocupación por la metodología y otros aspectos pedagógicos es una forma de construir el concepto de calidad educativa. En sus estudios, Elacqua encuentra que la calidad académica es el principal motivo reportado por las familias para la elección de la escuela, y en mayor medida para las familias de nivel socioeconómico alto y de colegios privados. En sectores emergentes, esta preocupación va acompañada de la búsqueda de otros factores de orden «racional», tales como la infraestructura, la cercanía al hogar, la factibilidad de que los estudiantes ingresen a la universidad después del colegio, entre otros.

El concepto de calidad aquí presentado es una idea más refinada sobre la utilidad de la educación. Tal como lo dice uno de los directivos de *Colegios para la Vida*, la perspectiva instrumental de la educación, la que hace de la educación una simple herramienta para ingresar a la universidad o mejorar su nivel socioeconómico, contituye un problema para ellos. La escuela no solo debe formar profesionales que puedan ser «alguien en la vida», sino también personas más «completas» y «felices», capaces de hacer bien lo que deseen hacer de su vida. En efecto, para los actores de la oferta, especialmente los docentes y directores, la escuela les sirve a los estudiantes para ser alguien, pero ese alguien será quien ellos decidan ser.

Esto coincide con las expectativas que tienen padres e hijos respecto de su futuro. Algunos padres esperan que sus hijos sean profesionales, que formen una empresa propia o que trabajen en una. Otros padres afirmaron que esperan que sus hijos puedan afrontar los retos que encuentren en la vida, resolver sus problemas y ser independientes.

> Que sientan una realización personal, yo converso con mi hija y le digo "yo sé que todo lo que tú emprendas, lo vas a terminar", le inculco para que tenga siempre la convicción de que sea la rama que escoja, sea profesional, técnica, artística, vas a tener el apoyo, pero para eso te estás preparando para que lo hagas bien. Siempre le he dicho que el éxito no es el dinero. (Padre de Escuela 1)

Asimismo, los padres concordaron también en que lo más importante es que sus hijos se dediquen a lo que les gusta y que, de esta manera, puedan ser felices y autorrealizarse; muy alineados a lo que *Colegios para la Vida* presenta en su discurso y trata de ofrecer. Esta visión de la educación trasciende la visión de la escuela como una herramienta para la superación en términos económicos y plantea, como afirmaron Uccelli y García (2016), una nueva concepción sobre en qué y cómo se invierte en educación. La educación ya no solo permite mejorar la situación económica sino también adquirir estatus y prestigio social y la posibilidad de consumir otro tipo de bienes, como la felicidad.

Para los directivos de *Colegios para la Vida*, este tipo de educación permite a los estudiantes afrontar la vida de forma positiva y desarrollar una serie de características nuevas propias del discurso neoliberal. El liderazgo, el emprededuriismo, la innovación y la individualidad se vuelven centrales en la formación educativa.

> Liderazgo también en sus propios aprendizajes, liderazgo también de sus propios aprendizajes, dentro del liderazgo también está todo este tema del desarrollo de la autonomía. [...] Todo el tema de trabajo colaborativo, de la autonomía y liderazgo, son estas características, principalmente habilidades básicas que te van a llevar, a futuro, a liderar el espacio en el que tu estés, a innovar en el espacio en el que tú estés. (Directivo 3)

Así, a la idea del emprendedor se le añaden ideas sobre la felicidad individual, que los individuos «sean lo que quieran ser» y el desarrollo de un liderazgo individual para sus propias vidas.

Los estudiantes también adoptan el discurso del mérito individual y la importancia del esfuerzo para salir adelante, y que se traduce en la idea del «hacerse solo» (Adams y Valdivia 1991, Bernstein 1993 en Rambla 2003, Cuenca 2016).

> Por eso digo, como dice mi amigo, no interesa el tipo de colegio, si es bonito o es esto o la manera de cómo se presenta, la cuestión es que el alumno se esfuerza o no se esfuerza. (Estudiante de la Escuela 3)

Entre los estudiantes hay un consenso alrededor de que el esfuerzo y compromiso del alumno en su aprendizaje es fundamental e incluso más importante que el tipo de colegio en el que está estudiando. Estas ideas sobre la importancia del emprendimiento y mérito individual en la educación son similares a lo hallado por Huber y Lamas (2017) y Uccelli y García (2016).

No obstante, la transmisión y aceptación de este discurso no está exento de conflictos y negociaciones. Existen algunas fricciones entre los padres y las escuelas. Por ejemplo, en el caso del colegio ubicado en las afueras de Lima metropolitana, algunos padres expresaron su disconformidad con la idea de que el colegio no participe en el desfile cívico de Fiestas Patrias. Para ellos, participar en el desfile ayuda a fomentar el patriotismo y civismo entre los estudiantes, y, a su vez, sitúa al colegio en el entorno local (es un símbolo de estatus social). Si bien *Colegios para la Vida* tiene toda una explicación coherente sobre la poca utilidad de estas prácticas (basada también en una discusión académica), el pedido de los padres hizo que el colegio accediera a participar del desfile de 2016.

De igual forma, el hecho de que las escuelas no fomenten la participación de los padres y madres de familia a través de mecanismos tradicionales como las asociaciones de padres de familia (APAFA) también ha sido un elemento de discusión. Los padres están acostumbrados a involucrarse en la educación de sus hijos mediante espacios institucionalizados y colectivos de participación. Aunque existen comités de aula, los padres sienten que su participación es limitada, individual y controlada por las escuelas. Si bien también hay una discusión académica sobre por qué las APAFA pueden o no ser los mecanismos más efectivos de participación de los actores escolares, hemos hallado una demanda por mejores mecanismos de involucramiento, especialmente colectivos.

A pesar de las discrepancias, los padres y estudiantes parecen estar conscientes de la elección realizada y de que esta es una mejor opción en comparación con sus otras posibilidades. *Colegios para la Vida* es (parcialmente) exitoso en moldear ideas acerca del valor de cierto tipo de calidad educativa. Hay un nuevo discurso sobre calidad educativa que es importante y que refleja el gran trabajo que hacen para convencer a las familias de que su propuesta es buena y vale la pena invertir en ella.

Sin embargo, este nuevo discurso presenta una interesante paradoja. Por un lado, al introducir ideas sobre lo que significa consumir «mejor» en educación, se consolida una nueva forma de diferenciación en el mercado. Diciendo que es mejor que otras opciones (y probablemente lo sea), *Colegios para la Vida* crea una mayor demanda y fideliza como consumidores a un sector específico de la población. Por otro lado, al tratar a los usuarios como consumidores de un servicio que, al fin y al cabo, busca también lucrar, se aleja de crear una ciudadanía crítica que fomente los cambios necesarios que se necesitan para transformar la educación. Si bien *Colegios para la Vida* contribuye en el proceso de alejamiento de los ciudadanos del Estado, también podría estar ayudando a generar consumidores más críticos que —en la lógica del mercado— exijan mejores productos.

La pregunta es qué pasa cuando el mercado y el crecimiento económico, que hasta el momento han funcionado para ciertos sectores de la población, entren en recesión. Tal vez muchas familias se vean forzadas a regresar a modelos educativos distintos o vuelvan a emplear los servicios del Estado. ¿Estarán estas familias en condiciones de demandarle al Estado lo mismo que demandaban cuando eran consumidores?

Si esta paradoja es buena o mala, depende mucho del punto de vista. Sabemos que en el Perú hay un importante sector de la academia que defiende o mira la educación como un derecho que el Estado debe garantizar y que la privatización de la educación ha tenido un efecto negativo en la cohesión social. No podemos estar más de acuerdo con esta idea. Sin embargo, ante un mercado educativo como el que tenemos en el Perú, debemos reconocer que este tipo de oferta contribuye a mejorar la educación.

Lo que no podemos olvidar es que no existe un proceso de inclusión social a partir del mercado. La privatización educativa produce un «refinamiento» del consumo y, por ende, profundiza la diferenciación social, así como las brechas de desigualdad en nuestro país. Debemos mantener una visión balanceada que pondere ambas aproximaciones a la educación y estudiar el impacto que este proyecto educativo (y otros similares) tendrá a largo plazo; un impacto que aún no podemos estimar.

Capítulo 4

Conclusiones: La relación Estado-sociedad y la mediación del sector privado

Los relatos del capítulo anterior nos permiten observar similitudes y diferencias entre las ideas y concepciones de la demanda y oferta educativa de *Colegios para la Vida* en los tres componentes presentados. Las trayectorias y percepciones de estas familias confirman que la educación continúa siendo un pilar fundamental de superación individual y familiar. La educación es una herramienta de movilidad social en la que se debe invertir constantemente, mejorando los espacios a los que se accede, como el tipo de colegio.

No obstante, este mito no se mantiene intacto. La implementación de una serie de políticas de privatización de la educación durante la década de 1990 y la reducción de la intervención del Estado en el servicio educativo contribuyeron a resquebrajar aún más la frágil relación del Estado con la población, que antes había utilizado la educación pública como una forma de acceder a la ciudadanía y acercarse al Estado. Este nuevo mito se compone de fragmentos del mito anterior, pero incluye componentes ideacionales nuevos, producto de discursos relacionados al proyecto neoliberal. Así, la educación cambia y se convierte en un proyecto de superación personal, emprendedurismo y acceso a lo privado, a no depender del Estado.

Colegios para la Vida ha sabido aprovechar y profundizar a su vez este proceso. Para los directivos de dicho proyecto, invertir en educación es importante porque contribuye con el desarrollo del país y representa una solución a la insostenibilidad de la dinámica del mercado laboral actual. De acuerdo con *Colegios para la Vida*, sin un buen capital humano que tenga buenos conocimientos y posea las habilidades blandas requeridas por el mercado laboral actual (liderazgo, adaptabilidad, empatía y capacidad de trabajo en equipo), la economía y las empresas peruanas son insostenibles.

Colegios para la Vida busca responder a lo que ellos reconocen como una «crisis» de la educación en el Perú. Tanto la oferta como la demanda afirman que la educación peruana, en especial la pública, es de mala calidad. Empero, aunque algunos manifiestan que la oferta privada es heterogénea y que hay escuelas particulares que solo buscan lucrar sin ofrecer una educación de calidad, en el imaginario, la educación pública continúa siendo la peor opción.

Para la mayoría de los entrevistados, la educación pública es, por lo general, regular o mala y los motivos para sostener esta afirmación son diversos. La distinción de *Colegios para la Vida* de otros espacios educativos, especialmente de los colegios públicos, denota también un proceso de distinción y cierre social. Las familias que acceden a *Colegios para la Vida* diferencian su estatus social de otras familias a través del capital económico y cultural (Bourdieu 2000). Es decir, una diferenciación en función de la capacidad adquisitiva que les permite pagar estos colegios (aun haciendo grandes esfuerzos), y del tipo y calidad educativa que buscan para sus hijos.

Esta distinción de los «otros» también responde a la concepción que tiene *Colegios para la Vida* acerca de las familias que acceden a este proyecto educativo, y a la propia concepción que tienen las familias de sí mismas y de sus pares. Si bien aún hay mucha discusión sobre quiénes conforman la «nueva clase media» o el «sector emergente» y qué los caracteriza, es importante considerar cómo las familias se autodescriben y cómo, desde los estudios de mercado realizados por *Colegios para la Vida*, existe una idea clara de quiénes son estas familias y qué tipo de bienes están buscando consumir.

De acuerdo con las respuestas de los actores de la oferta y la demanda, las familias de *Colegios para la Vida* son familias «diferentes», conformadas por nuevos profesionales, trabajadores pujantes, que buscan algo más allá de lo «mínimo» para sus hijos y su futuro. Han logrado acumular cierto capital económico y cultural que les permite invertir en una educación que se presenta como distinta a las opciones que han tenido a su alcance. Son familias que están buscando compartir un espacio con personas con valores y características similares a los de ellos, ya que acceden a un proyecto educativo que requiere de capital cultural para comprender completamente.

A pesar de esta interesante confluencia entre las familias y las escuelas, los padres de vez en cuando ponen en cuestionamiento la propuesta educativa de *Colegios para la Vida* y, aunque no necesariamente de forma articulada, demandan algunos cambios. Por esta razón, el proceso de adaptación de ambas partes es importante, ya que implica una negociación constante entre los actores de la oferta y la demanda. El modelo de

Colegios para la Vida es estandarizado y, por esta razón, la participación de los padres y estudiantes es importante para ajustar al contexto local la propuesta. En ese sentido, la negociación puede también ser vista como una forma de participación en un contexto de consumo.

Este intercambio entre la oferta y la demanda es importante ya que ha transformado las ideas y nociones sobre la educación de las familias, docentes y directores. Si bien la noción de calidad sigue estando atada a algunos aspectos más materiales y tangibles —como la infraestructura, la tecnología y el costo— se han incorporado otros componentes en las ideas de los padres con respecto a para qué sirve la educación. Es, entonces, una combinación del trabajo realizado entre la oferta y el interés que tiene la demanda de invertir en educación como una herramienta de movilidad social, que los padres y el proyecto van transformando el «discurso» que manejan sobre el valor de la calidad educativa.

La transformación de las ideas alrededor de la educación —y, específicamente, del mito de la educación— ha transformado también la relación con el Estado. Ante un Estado incapaz de satisfacer sus necesidades, estas familias han optado por acceder a servicios que deberían ser «públicos», por sus propios medios. Esto ha llevado a una expansión del mercado privado y a la transformación del mito de la educación; de una demanda por ciudadanía y reconocimiento de derechos, a un mecanismo para progresar y «hacerse solo».

Por esta razón, encontramos coincidencias entre la oferta y la demanda sobre por qué es necesario invertir en educación. Para ambas partes la razón es bastante práctica: la educación es necesaria para el futuro, para movilizarse socialmente. Y si bien esta inversión eventualmente generará beneficios para toda la sociedad (aunque aún no lo sabemos), lo que se obtiene al corto plazo son beneficios individuales: los inversionistas obtienen ganancias, las familias aseguran el futuro de sus hijos.

De este modo, la educación no es concebida como un derecho, sino como un servicio. Es así como se relacionan las familias con el sector privado y con el Estado. Consideramos que este es el impacto que ha tenido el establecimiento del proyecto neoliberal y la expansión del sector privado en los servicios públicos y en las relaciones entre el Estado y la sociedad peruana.

No obstante, y en una nota más positiva, consideramos que la generación de nuevas expectativas en los padres, estudiantes y docentes con respecto a cómo debe ser la educación de calidad podría llegar a tener un impacto a más largo plazo sobre lo que estos grupos podrían exigir al mercado o, por qué no, al Estado. Hay un proceso de transformación del discurso de consumo educativo que genera expectativas y nuevas nociones acerca de calidad, y esto podría tener implicancias interesantes en el sistema educativo. Como afirmamos en la sección anterior, buscamos observar el fenómeno de la privatización educativa desde lo que realmente existe y quitarnos, por un instante, el peso de lo que desearíamos ver, para valorar lo que hay y plantear problemas y soluciones desde ese punto de partida.

Por esta razón, queremos reconocer la importancia de tener un modelo diferente de educación privada que se preocupa más seriamente por el servicio que brindan. Es un proyecto que está interesado en asegurar los aprendizajes, comprender el impacto que tienen y la satisfacción de sus clientes con el servicio que ofrecen. A su vez, también entendemos que *Colegios para la Vida* no es un proyecto de responsabilidad social y que, al fin y al cabo, debe responder a un modelo de negocio.

A pesar de esto, creemos que la experiencia de *Colegios para la Vida* plantea un cuestionamiento al rol de la educación en el Perú y los límites y consecuencias de la inversión privada de gran alcance en el ámbito educativo. Esta discusión aún está pendiente e, incluso, con los importantes avances que se están realizando desde el MINEDU, en cooperación con instituciones académicas como el Grupo de Análisis para el Desarrollo (GRADE), estos cambios no necesariamente están teniendo el impacto que deberían en la generación de una sostenibilidad social e inclusiva para el Perú.

El análisis de este caso de estudio es importante no solo por el alcance que *Colegios para la Vida* tiene (y tendrá) a escala nacional, sino también porque está planteando y transformando las ideas y concepciones sobre educación en el Perú. *Colegios para la Vida* no es la única alternativa al alcance de los sectores emergentes, pero ha percibido, con mucho tino, que la oferta existente no satisface a todos los públicos; es más, ha identificado la necesidad de ofrecer un tipo de educación alternativa que esté más acorde con las necesidades actuales del mercado y la sociedad, y les ha vendido estas ideas como importantes a sus clientes con bastante éxito.

Colegios para la Vida posee información interesante acerca del sector emergente y quiénes son, información que el Estado no maneja. Y sabemos que, aunque las aproximaciones y descripciones desde el *marketing* no siempre son confiables, hay una concordancia interesante entre la autoconcepción de las familias y el proyecto educativo. Esto nos permite aproximarnos a las ideas que la «nueva clase media» sostiene sobre la educación, las cuales son una mezcla interesante de factores ya estudiados y otros nuevos componentes. La educación es ahora un mecanismo de superación individual acorde con el emprendedurismo y no necesariamente algo más cohesionador o meritocrático.

A pesar de la importancia de la información recopilada, creemos que aún es necesario profundizar más en estos temas y, tal vez, hacer un seguimiento a profundidad de algunas de las familias que participaron en el estudio, similar a lo realizado por Uccelli y García (2016). Sería interesante realizar una encuesta más compleja y aplicarla de forma general a los padres y estudiantes de todas las escuelas para saber sus opiniones con respecto a la educación pública, la calidad y sus razones para estar en uno de estos colegios.

Hacer una comparación de casos con otros proyectos educativos, como Fe y Alegría, podría también ayudar a determinar si estas percepciones son realmente diferenciadas o si, en general, los padres de familia tienen las mismas ideas y concepciones. De acuerdo con la literatura revisada, sí habría una diferencia entre familias; especialmente entre familias cuyos hijos estudian en colegios de élite y aquellas que no.

No obstante, el estudio muestra que el proceso de movilidad social continúa y *Colegios para la Vida* contribuye en este proceso, pero con un contenido que se presenta distinto y del cual aún no podemos medir el impacto. Sin embargo, y esto es algo que se debe tomar en consideración en el futuro, no todas estas familias tendrán la posibilidad de continuar en el ascenso educativo y cubrir la pensión de una universidad privada de prestigio en Lima. Esta situación podría terminar siendo un problema para el mismo proyecto educativo y sus objetivos. El avance realizado en la educación básica no se trasladaría a etapas posteriores; pero esto aún está por verse.

Bibliografía

Adams, Norma y Néstor Valdivia

1991 *Los otros empresarios: ética de migrantes y formación de empresas en Lima*. Lima: Instituto de Estudios Peruanos.

Alberti, Giorgio y Julio Cotler

1972 *Aspectos sociales de la educación rural en el Perú*. Lima: Instituto de Estudios Peruanos.

Alegre, Miguel Ángel

2010 «Casi-mercados, segregación escolar y desigualdad educativa: una trilogía con final abierto». En *Educación y Sociedad*, vol. 31, n.º 113, pp. 1157-1178.

Ames, Patricia

2009 «La Contribución de la educación al desarrollo rural». Ponencia de balance para la mesa *La educación y el desarrollo rural: balance de 5 décadas de estudios*. Cusco: Seminario Permanente de Investigación Agraria (SEPIA).

ANSIÓN, Juan
1998 *Educación: la mejor herencia. Decisiones educativas y expectativas de los padres de familia. Una aproximación empírica*. Lima: Fondo Editorial de la Pontificia Universidad Católica del Perú.

ARELLANO, Rolando
2010 *Al medio hay sitio: el crecimiento social según los estilos de vida*. Lima: Editorial Planeta.

BALARÍN, María
2015 «The Default of Privatization of Peruvian Education and the Rise of Low-fee Private Schools: Better or Worse Opportunities for the Poor?» En *Education Support Program's Paper Series*, n.º 65, pp. 1-28.

BALL, Stephen J.
2003 *Class Strategies And The Education Market: The Middle Classes And Social Advantage*. Londres: Routledge Falmer.

BALL, Stephen, Richard BOWE y Sharon GERTWITZ
1995 «Circuits of schooling: a sociological of parental choice of school in social class contexts». En *Sociological Review*, vol. 43, n.º 1, pp. 52-78.

BENAVIDES, Martín
2004 «Educación y estructura social en el Perú. Un estudio acerca del acceso a la educación superior y movilidad intergeneracional en una muestra de trabajadores urbanos». En Arregui, Cueto et ál., *¿Es posible mejorar la educación peruana?: evidencias y posibilidades*. Lima: Grupo de Análisis para el Desarrollo (GRADE).

2007 «Estructura ocupacional y formación de clases en el Perú: ¿qué nos dice la evidencia sobre el Perú reciente?». En Plaza, Orlando, *Clases sociales en el Perú: visiones y trayectorias*. Lima: CISEPA.

Benavides, Martín y Manuel Etesse
2012 «Movilidad educativa intergeneracional, educación superior y movilidad social en el Perú: evidencias recientes a partir de encuestas a hogares». En Cuenca, Ricardo, ed., *Educación Superior, movilidad social e identidad*. Lima: Instituto de Estudios Peruanos.

2016 «Dinámicos y jerárquicos a la vez. Patrones de movilidad social intergeneracional en el Perú». En Solís y Boado, *Estratificación social y movilidad intergeneracional de clase en América Latina*. Ciudad de México: El Colegio de México y Centro de Estudios Espinosa Yglesias.

Bernal, José Luis y Juan Lorenzo
2013 «La privatización de la educación pública. Una tendencia en España: un camino encubierto hacia la desigualdad». En *Profesorado*, vol. 16, n.º 3, pp. 103-131.

Bernstein, Basil
1996 *Pedagogy, Symbolic Control and Identity: Theory, Research, Critique*. Londres: Taylor and Francis.

Bourdieu, Pierre
1984 *Distinction. A social Critique of the Judgement of Taste*. Cambridge: Harvard University Press.

1997 *Capital cultural, escuela y espacio social*. Ciudad de México: Siglo XXI.

1998 *La distinción: criterios y bases sociales del gusto*. 2.ª ed. Madrid: Taurus.

2000 «Las formas del capital: Capital económico, capital cultural y capital social». En Bourdieu, Pierre, *Poder, derecho y clases sociales*. Bilbao: Ed. Desclée.

BOURDIEU, Pierre y Jean-Claude PASSERON
1979 *La Reproducción. Elementos para una teoría del sistema de enseñanza*. Ciudad de México: Distribuciones Fontamara S. A.

2003 *Los Herederos. Los estudiantes y la cultura*. Buenos Aires: Siglo XXI.

CARRIÓN, Julio
1991 *La Juventud Popular en el Perú*. Lima: Instituto de Estudios Peruanos.

CAVAROZZI, Marcelo
1991 «Más allá de las Transiciones a la Democracia en América Latina». En *Revista de Estudios Políticos (Nueva Época)*, n.º 74, pp. 85-111.

CONTRERAS, Carlos
2014 [1996] «Maestros, mistis y campesinos en el Perú rural del siglo XX». En *Modernidad y Educación en el Perú*, pp. 12-81. Lima: Ministerio de Cultura.

CÓRDOBA, Claudia
2014 «Elección de escuela en sectores pobres de Chile. Resultados de un estudio cualitativo». En *Psicoperspectivas*, vol. 13, n.º 1, pp. 56-67.

COTLER, Julio
1991 *Política y sociedad en el Perú. Cambios y continuidades*. Lima: Instituto de Estudios Peruanos.

1994 *Política y sociedad en el Perú: cambios y continuidades*. Lima: Instituto de Estudios Peruanos.

CRESWELL, John W., William HANSON, Vicki CLARK PLANO y Alejandro MORALES
2007 «Qualitative research designs: selection and implementation». En *The counseling psychologist*, vol. 35, n.º 2, pp. 236-264.

CUENCA, Ricardo
2013a «La escuela pública en Lima Metropolitana. ¿Una institución en extinción?». En *Revista Peruana de Investigación Educativa*, n.º 5, pp. 73-98.

2013b «Cambio, continuidad y búsqueda de consenso 1980-2011». En *Colección de Pensamiento Educativo Peruano*, vol. 11. Lima: Derrama Magisterial.

2016 «Reconfiguraciones entre Estado y ciudadanía. Imaginarios de éxito y nuevas políticas sociales». En *Incertidumbres y distancia. El controvertido protagonismo del Estado en el Perú*. Lima: Instituto de Estudios Peruanos.

DEGREGORI, Carlos Iván
1986 «Del mito de Inkarri al mito del progreso: poblaciones andinas, cultura e identidad nacional». En *Socialismo y Participación*, n.º 36, pp. 46-55.

2013 *Del mito de Inkarrí al mito del progreso: migración y cambios culturales. Obras escogidas III*. Lima: Instituto de Estudios Peruanos.

2014 *Los límites del milagro. Comunidades y educación en el Perú. Obras escogidas IV*. Lima: Instituto de Estudios Peruanos.

DEGREGORI, Carlos Iván, Cecilia BLONDET y Nicolás LYNCH
1986 *Conquistadores de un nuevo mundo: De invasores a ciudadanos en San Martín de Porres*. Lima: Instituto de Estudios Peruanos.

DEL CUETO, Carla
2004 «Estrategias educativas de las clases medias en urbanizaciones cerradas del Gran Buenos Aires». En *Espiral, Estudios sobre Estado y Sociedad*, vol. 11, n.º 9, pp. 249-276.

ELACQUA, Gregory
2004a «Información y libre elección en educación». En *Expansiva*, n.º 25, pp. 1-14.

2004b *School Choice in Chile: An Analysis of Parental Preferences and Search Behavior*. Nueva York: Columbia University.

FERNÁNDEZ ESQUINAS, Manuel
2004 «Elección de escuela: efectos sociales y dilemas en el sistema educativo público en Andalucía». En *Revista de Educación*, n.º 34, pp. 377-390.

FRANCO, Rolando y Martín HOPENHAYN
2010 «Las clases medias en América Latina: historias cruzadas y miradas diversas». En Franco, Hopenhayn y Arturo León, eds., *Las Clases Medias en América Latina: retrospectivas y nuevas tendencias*, pp. 7-41. México D. F.: Siglo XXI.

GESTIÓN
2016 «Minedu: No podemos dejar que existan estafas en colegios privados de mala calidad». En *Gestión*, 25 de agosto. Disponible en: <https://gestion.pe/economia/minedu-no-podemos-dejar-que-existan-estafas-colegios-privados-mala-calidad-2168684>.

GOLTE, Jürgen y Norma ADAMS
1987 *Los caballos de Troya de los Invasores. Estrategias campesinas en la conquista de la gran Lima*. Lima: Instituto de Estudios Peruanos.

HALE, Henry E.
2007 *Why not parties in Russia? Democracy, federalism and the State*. Cambridge: Cambridge University Press.

HERRERA ZUÑIGA, Javier y Angelo COZZUBO CHAPARRO
2016 *La vulnerabilidad de los hogares a la pobreza en el Perú, 2004-2014*. Lima: Fondo Editorial de la Pontificia Universidad Católica del Perú.

HUBER, Ludwig y Leonor LAMAS

2017 *Deconstruyendo el rombo: consideraciones sobre la nueva clase media en el Perú*. Lima: Instituto de Estudios Peruanos.

KLIKSBERG, Bernardo

2001 *Diez falacias sobre los problemas sociales en América Latina*. Caracas: Ediciones Especiales Banco Central de Venezuela.

LAMAS, Leonor

2015 «La universidad privada en la construcción de subjetividades juveniles emprendedoras». En *Revista Peruana de Investigación Educativa*, n.º 7, pp. 127-151.

MARTUCCELLI, Danilo

2015 *Lima y sus arenas. Poderes sociales y jerarquías culturales*. Lima: Cauces editores.

MATOS MAR, José

1984 *Desborde popular y crisis del Estado. El nuevo rostro del Perú en la década de 1980*. Lima: Instituto de Estudios Peruanos.

2012 *Perú: Estado desbordado y sociedad nacional emergente*. Lima: Universidad Ricardo Palma.

MURAKAMI, Yusuke

2007 *El Perú en la era del Chino*. Lima: Instituto Estudios Peruanos.

OLIART, Patricia

2011 «Proyectos educativos y políticas». En *Políticas educativas y la cultura del sistema escolar en el Perú*. Lima: Instituto de Estudios Peruanos/Tarea.

2014 «Proyectos educativos y políticas». En *Modernidad y Educación en el Perú*, pp. 82-147. Lima: Ministerio de Cultura.

Olmedo, Antonio y Luis Santa Cruz

2008 «Las familias de clase media y elección de centro: el orden instrumental como condición necesaria pero no suficiente». En *Profesorado. Revista de currículum y formación del profesorado*, vol. 12, n.° 2, pp. 1-31.

2011 «El proceso de valoración de los centros educativos por parte de las familias de clase media. El papel del orden expresivo en la búsqueda de la "distinción"». En *Papers*, vol. 96, n.° 2, pp. 515-537.

Pasco-Font, Alberto y Jaime Saavedra

2001 *Reformas Estructurales y Bienestar. Una Mirada al Perú de los Noventa*. Lima: Grupo de Análisis para el Desarrollo.

Puiggrós, Adriana

1996 «Educación Neoliberal y Quiebre Educativo». En *Nueva Sociedad*, n.° 146, pp. 90-101.

Quijano, Anibal

1980 *Dominación y cultura. Lo cholo y el conflicto cultural en el Perú*. Lima: Mosca Azul Editores.

Rambla, Xavier

2003 «Las desigualdades de clase en la elección de escuela». En *Revista de Educación*, n.° 330, pp. 83-98.

Roig, Josep

2014 «Las ciudades intermedias en la nueva agenda urbana». *Red Mundial de Ciudades y Gobiernos Locales y Regionales*. Disponible en: <https://www.uclg.org/es/organizacion/sobre-nosotros>.

Sanz, María Pilar

2014 *«We don't need the state» A study of the habitus formation process, through school choice, in the Peru´s rising middle class. A qualitative study of school choice*. Bath: University of Bath.

TILLY, Charles
2000 *La desigualdad persistente*. Buenos Aires: Manantial Ediciones.

TIRAMONTI, Guillermina y Sandra ZIEGLER
2008 *La educación de las elites. Aspiraciones, estrategias y oportunidades*. Buenos Aires: Paidós.

TOCHE, Eduardo
2010 «Aproximaciones a la Clase Media de Lima». En Rolando Franco, Martín Hopenhayn y Arturo León, eds., *Las clases medias en América Latina: retrospectivas y nuevas tendencias*, pp. 289-354. Ciudad de México: Siglo XXI.

TUBINO, Fidel
(s/f) *Acciones afirmativas: de multiculturales a interculturales*. Lima: Pontificia Universidad Católica del Perú. Recuperado de: <http://red.pucp.edu.pe/wp-content/uploads/biblioteca/090714.pdf>.

UCCELLI Francesca y Mariel GARCÍA LLORENS
2016 *Solo zapatillas de marca: los límites de la inclusión desde el mercado*. Lima: Instituto de Estudios Peruanos.

ZIEGLER, Sandra
2007 «Los de excepción: un retrato de las elecciones escolares de las familias de sectores favorecidos en la Argentina». En *Sociología de la Educación*, n.° 14, pp. 1-16.

Made in United States
North Haven, CT
10 November 2026

22091508R00055